Reiner Engelmann, Claudia Freund (Hg.)
STELL DIR VOR,
ES WÄRE FRIEDEN

Reiner Engelmann, Claudia Freund (Hg.)

Stell dir vor, es wäre Frieden

Bei diesem Buch wurden die durch das verwendete Material und die Produktion entstandenen CO_2-Emissionen ausgeglichen, indem der cbj Verlag ein Projekt zur Aufforstung in Brasilien unterstützt. Weitere Informationen zu dem Projekt unter: www.ClimatePartner.com/14044-1912-1001

Penguin Random House Verlagsgruppe
FSC® N001967

1. Auflage
Originalausgabe Mai 2023
© 2023 cbj Kinder- und Jugendbuch Verlag
in der Penguin Random House Verlagsgruppe GmbH,
Neumarkter Straße 28, 81673 München
Alle Rechte vorbehalten
Umschlaggestaltung: Geviert GbR, Grafik & Typografie, München
Umschlagmotive © Stocksy (Ibai Acevedo), Shutterstock.com
(pictureguy-303, Eugenio Matoniu)
skn · Herstellung: AJ
Satz und Druck: GGP Media GmbH, Pößneck
ISBN 978-3-570-31570-5
Printed in Germany

www.cbj-verlag.de

Inhaltsverzeichnis

Vorwort

Im Jahr 2021 fanden weltweit 28 Kriege und bewaffnete Konflikte statt, die meisten davon auf dem afrikanischen Kontinent. Täglich, ja stündlich sterben Menschen, nicht nur kämpfende Soldaten, sondern gerade auch große Teile der Zivilbevölkerung gehören zu den Opfern. Alte Menschen, Männer, Frauen und Kinder.

Kriege haben nicht nur unzählige Tote zur Folge, sondern auch Vertreibung, Armut, Hunger, Krankheit und Flucht. Menschen müssen ihre Heimat verlassen, weil sie dort nicht mehr sicher leben können. Die meisten von ihnen flüchten in Nachbarländer, viele aber auch nach Europa.

Profiteure der Kriege sind in der Regel die Machthaber, die sie beginnen, um dadurch zu noch mehr Macht, Einfluss und Reichtum zu gelangen.

Profiteure sind aber auch die Rüstungskonzerne, die durch den Export ihrer Waffen Kriege in diesen Ausmaßen befeuern. Milliarden an Euro werden von den Staaten in die Produktion und Entwicklung neuer Waffen gesteckt, Geld, das der Bekämpfung von Hunger und Armut nicht mehr zur Verfügung steht und somit den inneren Frieden gefährdet.

Über viele Jahre hinweg haben die Menschen in Deutschland oder Europa die weltweiten Kriege nur wenig interessiert. Manchmal wurden sie auch von einzelnen Teilen der Bevölkerung sogar zu einer Last erklärt, wenn insbesondere junge Männer vor den Kriegen in ihren Heimatländern geflüchtet sind und bei uns Schutz gesucht haben.

Als im Februar 2022 Russland den Krieg gegen die Ukraine begann, änderte sich die Sichtweise. Geografisch war er auf einmal in die Nähe gerückt, die täglichen Berichterstattungen in den Nachrichtensendungen und Reportagen führten uns das Grauen vor Augen.

Nicht nur Erwachsene waren und sind ratlos, wie dieser Krieg am schnellsten zu beenden sei – mit mehr Waffenlieferungen oder ganz ohne weitere Waffenlieferungen und der ernsthaften Aufnahme von Friedensverhandlungen.

Angst macht sich zunehmend breit, dieser Krieg könne auch das eigene Land betreffen und die eigene Zukunft in Gefahr bringen. Diese Ängste sind berechtigt, denn wir werden nicht nur mit den Nachrichten konfrontiert, die über die Presse und das Fernsehen oder andere Kanäle ins Haus kommen, sondern ganz häufig auch mit den unmittelbaren Folgen dieses Krieges, indem Kinder aus der Ukraine in den Klassen sitzen. Kinder, die Angst haben um ihre Väter, die zurückbleiben mussten, um zu kämpfen. Viele sind aber auch schwer traumatisiert, können das Gesehene und Erlebte nicht vergessen, geschweige denn verkraften.

Diese Ereignisse, der Beginn des Krieges in der Ukraine, hat uns auf die Idee gebracht, dieses Thema literarisch aufzugreifen. Dabei geht es uns nicht nur um den aktuellen Krieg in der Ukraine, sondern auch um die anderen, oft vergessenen Kriege weltweit.

In kurzer Zeit konnten wir viele Autorinnen und Autoren gewinnen, die dieses Thema auch beschäftigt und so mit sehr gelungenen Kurzgeschichten, Gedichten und Essays zu diesem Buch beigetragen haben.

Jede Autorin, jeder Autor hat seine eigene Sichtweise, sein eigenes Wissen, seine eigenen Erfahrungen und Hoffnung zum Thema Krieg und Frieden.

Stell dir vor, es wäre Frieden. Was für ein schöner Gedanke.

Mit diesem Buch wollen wir Anregungen und Anstöße geben, sich mit diesem Thema aktiv auseinanderzusetzen. Denn Frieden, das sollten wir spätestens seit dem Beginn des Krieges gegen die Ukraine festgestellt haben, ist nichts Selbstverständliches. Frieden braucht Mut, Kreativität und Zuversicht, Konflikte auch ohne Gewalt lösen zu können.

Reiner Engelmann // Claudia Freund

September 2022

Claudia Freund

Opfer

Er kniet vor dir
fleht dich nicht an

Er weiß
es wird nichts nützen

Du stehst hinter ihm
zielst auf seinen Kopf

Tust
was man dir
befohlen hat

Deine Hände zittern leicht
Doch du drückst ab

Ein lauter Knall

In diesem Moment stirbt
die ganze Welt

: auch deine = Soldat

Du wirst es nie vergessen
wie er vor dir lag

Nicht das Geräusch
als die Kugel ihn traf

nicht die Stille hinterher

Beide seid ihr Opfer

Euer Leben ist zerstört

Dabei habt ihr es geliebt
und wolltet einfach nur

= glücklich sein

Christian Linker

Grabt da, wo die Disteln stehen!

Lieber M.!

Ich weiß gar nicht, warum ich mir vorstelle, dass dein Name mit M. beginnt. Es kommt mir so vor.

Du könntest Mesut heißen oder Mohamed, Malik oder Mustafa. Oder Murat. Wie unser Torwart. Also von meinem Fußballteam.

Ich weiß nichts von dir, außer dass du männlich bist. Und dass mein Vater es war, der dich gefunden hat.

Ich stelle mir vor, dass du sechzehn warst, wie ich jetzt. Heute wärst du Anfang vierzig, du hättest vielleicht Kinder in meinem Alter. Hast du aber nicht, du bist nie vierzig geworden, du bleibst für immer sechzehn.

Ich stelle mir vor, dass du nicht gern zur Schule gegangen bist. Du hast lieber Fußball gespielt. So wie ich. Auf dem Rasen des Sportplatzes in eurem Dorf. Eigentlich war es mehr ein Acker als ein Rasen, stelle ich mir vor. Nur echte Ballkünstler können auf so einem Boden vernünftige Flanken schlagen. Da war einer in deinem Team, stelle ich mir vor, der konnte das millimetergenau. Er hat dir die Bälle aufgelegt, und du, M., du warst das Kopfballungeheuer, du kamst wie aus dem Nichts angerauscht und hast dich in die Luft geschraubt, du hattest es einfach raus, den richtigen Augenblick des Absprungs abzupassen, damit du den Ball am optimalen Punkt triffst; du hast ihn mit deinem Schädel in die Maschen gehämmert, schön gegen die Laufrichtung vom Torwart, nicht mal Murat hätte gegen dich eine Chance gehabt.

Aber an diesem Tag warst du selbst derjenige, der keine Chance hatte.

Ich versuche mir vorzustellen, wie ihr dort gekauert habt. Zu Hunderten. Männer. Auch ganz alte. Und ganz junge. Du. Und ein paar Leute, die du kanntest. Deine Brüder nicht, dein Vater und deine Onkel nicht, dein Großvater nicht, ihr wart zerstreut worden, als die Soldaten euch gejagt hatten. Deine Mutter und deine Schwestern, deine Tanten, deine Oma hatten sie vorher schon weggebracht in stinkenden, überhitzten Bussen, auch die kleineren Jungen. Du wolltest mit ihnen einsteigen, warst schon halb im Bus, doch einer der Soldaten packte dich und hielt dich zurück, zu alt, ab zu den anderen dort drüben. Weinen, Schreie, manche von den Frauen brachen regelrecht zusammen, aber schlimmer als das waren die Gesichter derer, die nicht weinten. Das bleiche Entsetzen, Minen eingefroren, stumme Schreie. Die Türen schlossen sich, und die Busse fuhren davon, und du ahntest vielleicht, dass ihr euch zum letzten Mal gesehen habt.

Vielleicht aber hast du auch nichts geahnt, vielleicht wolltest du einfach nichts ahnen, vielleicht hält man sich da an die allerkleinsten Fünkchen Hoffnung: dass sie euch doch nicht töten würden, dass sie euch doch bloß einsperren und verhören wollten, wie sie behaupteten, weil sie ja angeblich einfach nur auf der Suche nach Kriminellen seien.

Oder dein Kopf war völlig leer, weil es rein gar nichts mehr zu denken oder zu ahnen gab. Weil Köpfe von Menschen eben nicht dafür gemacht sind, das Grauen zu erwarten. Sondern zum Beispiel, um eine millimetergenaue Flanke in ein traumschönes Kopfballtor zu verwandeln, auf diesem Fußballplatz. Ja, dafür sollte man seinen Kopf gebrauchen, verdammt, Mann!

Dort, auf dem Rasen, der eher ein Acker war, hatten sie euch zusammengetrieben wie Vieh. Unter der sengenden Julisonne kauertet ihr im braunen Gras, das von der Hitze des Sommers hart und stopplig war, ihr hocktet dort bis zum Abend, ohne Essen und Trinken, unter den Augen der Soldaten und den Mündungen ihrer Maschinengewehre.

Irgendwo am Rand sahst du noch ein Häuflein anderer Soldaten in anderen Uniformen. Sie trugen blaue Helme und ratlose Mienen, und diese Ratlosigkeit hat dir vielleicht den letzten Hoffnungsfunken ausgelöscht, sollte da noch einer geglommen haben. Die Blicke dieser Männer sagten dir, dass alles verloren war. Für sie und für euch.

Die Männer mit den blauen Helmen würden damit weiterleben müssen.

Ihr nicht.

In der Dämmerung zogen sie sich zurück.

Diese Männer sollten später berichten, sie hätten zwischen halb drei und halb vier Uhr in der Nacht Schüsse gehört. Salven von Handfeuerwaffen aus Richtung des Fußballplatzes.

Ich will nicht darüber urteilen. Natürlich frage ich mich, warum man, wenn man eine Stunde lang Schüsse hört, nicht wenigstens mal nachschauen geht. Die Männer mit den blauen Helmen haben es jedenfalls nicht getan, sie haben rein gar nichts getan. Sie waren zu wenige, hatten keine Befehle oder keinen Mut oder beides nicht, was weiß ich.

Ich habe viel darüber gelesen. Eigentlich alles, was ich kriegen konnte, das Internet ist voll davon. Nur Antworten gibt es nicht, nicht auf meine Fragen.

Am nächsten Morgen hast du da gelegen. Du und mehr als fünfhundert andere. Für euch war es vorbei. Für viele andere noch nicht, denn das Morden und Schlachten dauerte mehr als eine Woche in der ganzen Gegend, bis kein einziger von euren Leuten dort mehr am Leben war. Achttausend Männer und Jungen sind umgebracht worden, das muss eine Menge Arbeit gewesen sein für die Mörder. Um sich zwischendurch ein wenig zu entspannen, blieben ihnen ja die Frauen und Mädchen.

Es macht mich total fertig, das alles nachzulesen, die Videos zu sehen, immer, immer, immer wieder, aber ich kann nicht anders. Frau Reinhard meint, sie kann das verstehen.

Ich versuche mir die Stille vorzustellen, am Morgen nach dem Töten. Die Fliegen, die über dein Gesicht krabbeln und sich am noch nicht ganz getrockneten Blut laben.

Bis dann die Mörder mit Bulldozern zurückkamen und

riesige Erdlöcher aushoben und euch darin verscharrten wie Abfall.

Wenig später aber kamen sie ein zweites Mal zurück, gruben euch wieder aus und brachten euch fort. Denn die Gräber waren auf Satellitenbildern aufgetaucht und jetzt wollten die Henker ihre Spuren verwischen. Also hoben sie neue Löcher an anderen Orten aus, tiefer diesmal, und vergruben dich ein zweites Mal.

Und da hast du dann in der Erde gelegen, M.

Fast zehn Jahre lang.

Bis mein Vater kam.

Damals gab es in Deutschland noch die Wehrpflicht. Aber wenn ich das richtig verstanden habe, galt es als uncool, zur Bundeswehr zu gehen, jedenfalls bei seinen Leuten. Die meisten seiner Freunde haben Zivildienst gemacht, so nannte man das damals. Altersheim, Kindergarten, solche Sachen. Mein Vater nicht.

Letztes Jahr, als ich in der Zehnten war, gab es an unserer Schule einen Berufsorientierungstag, da konnte man zu verschiedenen Vorträgen gehen: ein Typ von der Sparkasse und eine Architektin, eine Oberärztin und ein Steuerberater, lauter so Leute, und ein Offizier von der Bundeswehr war auch da. Stand da in seiner geleckten Uniform und erzählte was von »Deutschland dienen« und »Teil von was Großem sein«. Ich fand es bescheuert. Bin halt ein ziemlich anderer Typ als mein Vater.

Keine Ahnung, ob es dem wirklich darum ging, dass er »Deutschland dienen« wollte. Aber dass er »Teil von was

Großem« sein wollte, das stimmt. Hat mir jedenfalls mein Opa so erzählt. Mein Vater ging also zur Bundeswehr und wurde Berufssoldat, genau genommen Sanitäter, mit dem Plan, später noch Medizin zu studieren. Eines Tages schickte meine Regierung ihn in dein Land, M.

Dort herrschte inzwischen eine Art Frieden. Und Soldaten aus allen möglichen Ländern sollten helfen, diesen Frieden zu sichern.

Was nicht so einfach war, weil die Leute in deinem Land noch immer ziemlich viel Hass aufeinander hatten. Also fuhr mein Vater die meiste Zeit in einem gepanzerten Fahrzeug herum, wurde mal hierhin und mal dorthin gerufen und versorgte die Verletzten. Einen Kollegen zum Beispiel – sie nennen es »Kameraden«, aber irgendwas sträubt sich in mir bei diesem Wort –, der sich bei Bauarbeiten verletzt hatte. Oder einen anderen zum Beispiel, auf den irgendein Arschloch aus einem vorbeifahrenden Pick-up völlig random mit seiner Knarre geschossen hatte, die Kugel steckte im Bein verdammt nah an der Schlagader. Oder die Kinder, die beim Spielen alte Handgranaten gefunden hatten. Die Granaten waren explodiert und die Hände der Kinder auch.

Davon abgesehen herrschte eintönige Routine, »jeder Tag ist Mittwoch«, sagten sie. Das Feldlager dufte man sicherheitshalber nur mit Genehmigung verlassen, so friedlich war der Friede.

Und manchmal rückte mein Vater aus und half dabei, nach den Toten zu suchen.

Nach dir, M.

Es gab Leute, die kannten sich mit so was aus, die sagten: »Grabt da, wo die Disteln stehen.«

Ich hab es nicht verstanden, bis jetzt, obwohl ich viel danach gegoogelt habe: Aus irgendeinem Grund wachsen Disteln besonders gern da, wo viele Tote in der Erde liegen. Oder auch einfach nur dort, wo viel Erde aufgewühlt wurde, auch nach Jahren noch. Jedenfalls hat es funktioniert. Sie gruben bei den Disteln und fanden dich.

Was von dir übrig war.

Ich stelle mir vor, dass das unter anderem dein Schädel war. Noch mit Resten von deinem dichten schwarzen Haar. Der Schädel, der das Grauen nicht denken wollte und den du lieber für Kopfballtore benutzt hast.

Man konnte aus deinem Schädel, deinen Zähnen, deiner DNA irgendwie rauskriegen, wer du bist. Dass du du bist, M., du und kein anderer.

Ich stelle mir vor, dass deine Mutter genauso zusammenbrach, als man ihr die Nachricht brachte, wie sie damals zusammengebrochen war, als man dich aus dem Bus gezerrt hatte. Oder dass ihr Gesicht genauso reglos war vor bleichem Entsetzen, so reglos, wie es an jenem Tag gewesen und seither immer geblieben ist. Dass deine Schwester leise geweint hat und ihr Unterleib noch mehr wehgetan hat als an den anderen Tagen; die Verletzungen von damals, weißt du, sind nie ganz geheilt, sie war ja in dem Jahr, wo es geschah, gerade mal zwölf gewesen.

Frauen und Männer in weißen Schutzanzügen, assistiert von meinem Vater und seinen Kollegen, haben deinen Kopfballtorschädel und all die anderen Reste sorgsam geborgen und in kleine weiße Särge gebettet. Und dann wurdest du zum dritten Mal in die Erde gesenkt. Diesmal mit Würde und mit deinem Namen, M. und mit deinem Geburtstag auf einer weißen Stele, auf der außerdem ein Vers aus dem Koran steht, aus der Sure Al Baqara: »Und sage nicht von denen, die auf dem Weg Gottes getötet wurden, dass sie tot sind. Nein, sie sind am Leben, aber ihr wisst es nicht.«

Ich bin nie dort gewesen, hab dein Grab nie gesehen, M., aber ich hab gelesen, dass dieser Vers auf allen Gräbern steht, über sechstausend sind es heute, so viele von euch wurden in der Erde gefunden und herausgeholt und dann der Erde zurückgegeben.

Damit ihr nicht vergessen werdet.

Nie vergessen werdet.

Mein Vater hat dich nicht vergessen. Auch die Kinder ohne Hände nicht, nicht den angeschossenen Soldaten, nichts von alldem. Als sein Einsatz beendet war, kehrte er nach Hause zurück.

Er schlief mit seiner Freundin und brachte sich am nächsten Morgen um.

Jetzt gerade, M., sitze ich an seinem Grab. Es wachsen keine Disteln darauf. Auch nichts anderes, es ist sehr schlicht, fast wie deines, ich hab Fotos davon gegoogelt.

Es steht kein schöner Spruch, nicht wie bei dir, nichts aus dem Koran oder der Bibel, nicht mal Herr der Ringe oder was weiß ich, keine Ahnung, ob mein Vater an irgendwas geglaubt hatte. Nicht mehr jedenfalls … er hatte ja nur Teil von was Großem sein wollen – und das hat, wie man es nimmt, ja auch geklappt.

Da steht also kein Spruch und nichts, nur das Geburtsdatum und der Sterbetag, ziemlich genau neun Monate vor meiner Geburt. Und jetzt sitze ich hier und schreibe diesen bekackten Brief an dich, M., und weiß auf einmal gar nicht mehr, ob das eigentlich wirklich meine Idee war oder nicht doch eher die Idee von Frau Reinhard. Wohl doch eher meine, aber sie sagte, ja, das wär eine tolle Idee, ich soll das ruhig mal machen, das würde vielleicht ein paar Dinge in mir lösen.

Und – ja, Mann, shit, die Frau hat recht. Da löst sich was.

Erde löst sich unter meinen Fingern. Hast du als Kindergartenkind auch so gern mit Matschklumpen gespielt, M.? Ich greife in die Erde. Sie ist dunkelkühl, schwer, sie lebt. Voller Mikroorganismen ist die Erde. Wenn hier alles weg ist, die Menschheit und der ganze Rest, diese Erde bleibt. Sie ist voller zersetzter Körper, von Ruanda bis Kambodscha, von Srebrenica bis Butscha … Babyn Jar natürlich … Der ganze bekackte Scheißplanet ist voll von fucking Massengräbern, weil die der Dünger sind, die unsere Scheißwelt am Laufen halten, und wir haben alle eine Rolle dabei, weil wir entweder drinliegen oder die sind, die die, die drinliegen, wieder rausholen, oder halt die Kinder von denen sind, die die, die drinliegen, rausholen, oder weil wir halt die ekelhaften Wichser sind, die die, die drinliegen, überhaupt erst da reingeworfen haben, an die Gewehre ihr einen, ihr anderen grabt! Und dafür hasse ich dich, M., kapierst du das?

Jetzt ist es raus – ich hasse dich.

Ich hasse, hasse, hasse dich!

Aber nimm es nicht persönlich, die Soldaten, die dich getötet haben, meinten das sicher auch nicht persönlich, und mein Vater meinte es auch nicht persönlich, der wollte einfach Teil von was Großem sein, der Scheißkerl. Und dafür hasse ich ihn noch viel mehr als dich, dass der sich einfach verpisst hat und nicht mal warten konnte, bis ich auf der Welt war, als wollte er für mich Platz machen, weil – er und ich auf einmal, das wär dann doch zu viel Leben gewesen, oder was? Und am meisten hasse ich natürlich die Wichser, die dich getötet haben. Aber die kann ich mir seltsamerweise nicht richtig vorstellen.

Überhaupt kein bisschen kann ich mir die vorstellen, und nicht mal meinen Vater kann ich mir richtig vorstellen, obwohl ich von dem immerhin ein paar Fotos hab und sogar Videos und das, was meine Mutter und mein Opa von ihm erzählen – trotzdem kann ich ihn mir nicht richtig vorstellen. Der einzige, den ich mir richtig vorstellen kann, bist M., du.

Ja.

Du, auf deinem Fußballplatz, der eigentlich ein Acker ist.

Hast du all die Namen der Orte schon mal gehört, die ich oben aufgeschrieben habe? Nee, musst du auch nicht. Hätte ich vielleicht auch nicht. Aber ich muss mich andauernd mit dieser ganzen Scheiße beschäftigen, ob ich will oder nicht, ich kann nicht anders, ich fresse es in mich rein, verstehst du? Nee, vielleicht nicht, ist auch schwer zu kapieren. Und meistens kapiere ich es selber nicht. Während der Sitzungen mit Frau Reinhard klingt es manchmal irgendwie logisch, dass das alles miteinander zusammenhängt, aber meistens schnall ich es dann doch nicht. Mein Kopf ist nicht dafür gemacht, sich das zu geben, ich hab mir das nicht ausgesucht. Genauso wenig wie du.

Weißt du, wofür mein Kopf gemacht wäre? Ich würde über deinen Fußballplatz laufen, der eigentlich eher ein Acker ist, und irgendeiner würde die Flanke schlagen, millimetergenau, und ich würde sie mit dem Kopf verlängern zu dir, und die Soldaten wären keine Soldaten, sondern einfach nur Männer ohne Waffen, sie wären einfach Väter und würden an der Bande stehen neben meinem Vater und deinem Vater und Murats Vater, und alle würden sie irgendwelchen Bullshit aufs Feld rufen, wie die Väter das so machen, wenn sie ihren Kindern beim Fußball zusehen, und wir würden darüber lachen, und du würdest hochschnellen, genau im richtigen Augenblick, dein Kopf würde den Ball treffen mit all der Wucht und ihn unhaltbar in den Winkel ballern.

Ich seh das vor mir.

Echt jetzt, Mann, ich kann es richtig sehen.

Aber nur kurz.

Mitten im Strafraum, am Elfmeterpunkt, am Fünfer, überall, da sprießen die Disteln.

Das Graben wird kein Ende haben.

Christine Fehér

Saadis Friedensland

Gerade muss ich wieder an Saadi denken. Saadi aus der syrischen Stadt Homs, den seltsam verträumten Jungen, mit dem ich nur ein paar Sommernachmittage verbracht habe, als ich neun Jahre alt war – danach verschwand er wieder aus meinem Leben. Es ist ein Stück Baumrinde, das die Erinnerung an ihn wieder hervorgezaubert hat. Ich fand es in der Schublade meines alten Kinderschreibtisches, der seit Jahren auf unserem Dachboden stand und den ich eben nach unten gebracht habe. Beim Auswischen bin ich auf das Rindenstück gestoßen, auf dessen hellerer Seite mit krakeliger Kinderhandschrift ein einziges Wort geschrieben steht: *Friedensland*. Ich hörte auf zu putzen und musste mich erst einmal hinsetzen. Saadi, das Friedensland und ich. Es ist so lange her, doch erst jetzt spüre ich, dass das, was ich gerade tue, noch immer damit zu tun hat. Und dass das *Friedensland* weiter in mir wirkt.

Damals drangen aus dem Zimmer meiner großen Schwester Lenja jeden Abend aufgeregte Stimmen durch die geschlossene Tür zu mir in den Flur. Zuerst waren es nur ihre und die von ihrem Freund Paul, mit dem sie seit ein paar

23

Monaten zusammen war. Ich dachte, die beiden stritten mal wieder, was sie ziemlich oft taten, weil Lenja so ein Hitzkopf ist. Bald jedoch mischten sich auch die Stimmen ihrer Freundinnen Malaika und Liese darunter, dann weitere Jungsstimmen, die ich nicht kannte. Jugendliche, die mir ungeheuer erwachsen vorkamen, klingelten bei uns und huschten in Lenjas Zimmer, manche, ohne mich überhaupt wahrzunehmen, wenn ich ihnen die Wohnungstür öffnete. Ich stellte mir vor, wie eng es in Lenjas Zimmer sein musste – so eng, dass wohl alle umfallen würden wie aufgereihte Dominosteine, wenn einer stolperte. Aber nach jedem dieser Treffen kamen sie wieder heraus, und zwar, wie mir schien, aufrechter und stolzer als vorher. Auch Lenja bewegte sich anders. Sie hielt ihr Kinn hochgereckt, während sie die benutzten Gläser und Tassen in die Küche trug. Ihre Augen leuchteten wie zwei Fackeln, wenn sie meinen neugierigen Blick auffing. Damals bewunderte ich Lenja, wie ein kleiner Junge seine doppelt so alte Schwester nur bewundern konnte. Und deshalb wollte ich teilhaben an dem, was sie so Wichtiges mit ihren Freunden aussheckte.

»Was macht ihr da eigentlich immer?«, fragte ich sie also eines Tages. Lenja hatte mir Mathe erklärt, wir waren gerade fertig geworden. Sie begriff sofort, was ich meinte.

»Wir planen eine Demonstration«, antwortete sie, und schon sah ich wieder dieses Feuer in ihren Pupillen. »Gegen den Krieg. In so vielen Ländern ist Krieg, Till. Die Mächtigen müssen endlich damit aufhören. Morgen ziehen wir los. Die halbe Stadt wird auf den Beinen sein.«

Am Abend verschanzte sie sich erneut mit Paul und den anderen in ihrem Zimmer. Die Stimmen murmelten, der Drucker surrte, Packpapier, auf dem sie Plakate beschrifteten, raschelte, ab und zu holte jemand etwas zu trinken aus unserem Kühlschrank oder verschwand im Bad. Meine Schwester gegen die Mächtigen der Welt. Ich war ungeheuer stolz auf sie.

Am nächsten Tag schlüpfte Lenja in ihre Boots, zog ihre Wetterjacke an und stopfte Plakate und Flyer in den Rucksack. Doch als sie schon fast auf der Treppe war, kam unsere Mutter aus dem Wohnzimmer gestürmt.

»Lenja«, japste sie. »Ich muss überraschend ein paar Stunden in die Redaktion. Hatice ist krank geworden und nach Hause gegangen, gerade hat der Chef angerufen. Du musst bei Till bleiben. Es tut mir so leid! Aber ich weiß nicht, wen ich sonst bitten könnte!«

»Ausgerechnet heute?« Meine Schwester starrte sie entgeistert an und schüttelte den Kopf. »Das kannst du nicht verlangen, Mama! Alle sind dabei, und wir …«

Ich sah die zwei schon streiten, bis beide heulten.

»Ich brauche keinen Babysitter«, beteuerte ich also. »Ich gehe einfach mit zur Demo!« Insgeheim hatte ich dies sowieso vor. Mir war nur noch keine Idee gekommen, wie ich es einfädeln konnte.

Mama winkte ab. »Viel zu gefährlich«, meinte sie. »Da kann ja wer weiß was passieren. Lass nur ein paar Leute durchdrehen, schon muss die Polizei anrücken, und ihr seid mitten im Chaos.«

»Bei solchen Demos sind immer viele Kinder«, warf Lenja ein.

»Ja, mit ihren Eltern«, erwiderte Mama. »Das müssen die selber verantworten. Wenn du mich fragst, ich halte davon gar nichts. Für die Kinder kommen diese Themen noch früh genug.«

»Dann nimm ihn mit zur Arbeit.«

»Nein!«, schrie ich. Jetzt waren wir alle drei sauer. Ich rannte in mein Zimmer und warf die Tür hinter mir zu. Doch sobald ich mich etwas beruhigt hatte, presste ich mein Ohr gegen die Tür, um nicht zu verpassen, wie es nun weiterging. Lenja und Mama stritten im Flüsterton weiter, ich verstand nicht viel, aber so wie ich Lenja kannte, würde sie auf keinen Fall nachgeben. Also bereitete ich mich auf die Demo vor.

Ich zog ein weißes T-Shirt aus meinem Schrank, setzte mich an meinen Schreibtisch und begann, mit einem dicken Wachsstift eine Friedenstaube daraufzumalen. Danach zog ich es an. Dabei dachte ich an Paul, der oft ein Stirnband aus geflochtenen bunten Bändern über seinen Locken trug, das wollte ich auch. Auch mir hatte er einmal eines geschenkt. Kurz entschlossen legte ich es mir um den Kopf, knotete es hinten zusammen und betrachtete mich zufrieden im Spiegel. Im selben Moment kam Mama herein.

»Ich hab die Lösung«, verkündete sie. »Frau Al Jassim von nebenan hat gerade ihren Enkelsohn Saadi zu Besuch. Die beiden kommen gleich rüber und leisten dir Gesellschaft. Der Junge ist genauso alt wie du! Spielt einfach ein bisschen zusammen, dann vergeht die Zeit ganz schnell, bis ich wieder hier bin.«

Ich stieß einen Protestlaut aus und wollte zu Lenja rennen, um mir ihren Beistand zu sichern, doch im Flur stieß ich fast mit Paul, Frau Al Jassim und diesem Saadi zusammen. Er sah ein bisschen aus wie ein Mädchen, mit seiner dunklen Ponyfrisur, den großen, staunenden Augen und seinem roten T-Shirt, das so lang war, dass es fast wie ein Kleid aussah.

Mama drückte mir einen schnellen Kuss auf die Wange und Frau Al Jassim einen Becher Kaffee in die Hand, Lenja und Paul strebten auf die Wohnungstür zu.

»Und was macht ihr beiden Schönes?«, fragte Paul, als er an mir vorbeiging.

»Wir spielen Frieden«, antwortete Saadi, ehe ich überhaupt Luft holen konnte. Paul lachte.

»Na dann langweilt euch mal nicht«, sagte er und strubbelte Saadi durch die Haare. Dann waren sie weg.

Saadi und ich gingen in mein Zimmer. Neugierig schaute er in alle meine Kästen und Körbe in den Regalen. Jetzt wirkte er gar nicht mehr schüchtern oder verträumt, sondern schien genau zu wissen, was er wollte. Zielstrebig räumte er Figuren und Bausteine aus und legte alles in einen leeren Schuhkarton, während ich neben ihm stand und über seine, aber auch über Pauls Worte nachdachte. Wieso sollte es langweilig sein, Frieden zu spielen? Paul war doch selber seit Tagen für den Frieden unterwegs.

Saadi merkte, dass ich ihn beobachtete. Er klemmte sich den Karton unter den Arm.

»Wir bauen ein neues Land«, sagte er. »Das Friedensland.«

»Hier drin?« Ich dachte an meine hektische Mutter und an Lenja, die so leicht ausrastete. Schlecht war die Idee nicht, hier ein Friedensland zu errichten. Meine Familie konnte es gebrauchen.

»Nicht hier.« Saadi deutete mit dem Kopf zur Tür. »Draußen. Sonst sieht es kaum einer. Und dann kann auch niemand mitmachen.«

Wir sagten Saadis Oma Bescheid. Frau Al Jassim fand die Idee großartig, faltete die Zeitung zusammen, in der sie gerade gelesen hatte, und folgte uns.

Im Hof suchten Saadi und ich uns eine Stelle im Sand, die gerade so lang und breit war, dass wir beide darauf stehen und unsere Arme ausbreiten konnten. Wir sammelten Werkzeug aus Baumrinde, Zweigen und Steinen, zogen Gräben, legten ein morsches Brett als Brücke darüber und pflanzten einen Garten aus Unkraut. Saadi bat seine Oma um den Schlüssel und holte ihre Gießkanne vom Balkon, wenig später hatten wir auch einen Teich. Mit den Spielfiguren aus meinem Zimmer bevölkerten wir unser Land. Ganz von allein kamen Regenwürmer, Ameisen, Feuerwanzen, Käfer und Schnecken dazu, krabbelten herum oder wühlten sich durch die feuchte Erde. Zum Schluss setzten wir eine Grenzmauer aus Kieselsteinen, die wir auf dem Parkplatz vor dem Haus fanden. »Höher muss die nicht sein«, sagte Saadi. »Sonst könnte ja niemand reinkommen. Jetzt brauchen wir nur noch ein Ortsschild für unser Land.« Schon kroch er zwischen den Platanen herum, die den Hof umsäumten, hob ein besonders großes Stück Baumrinde auf und reichte es mir.

»Friedensland?«, fragte ich, und Saadi nickte. Also zog ich einen Bleistiftstummel aus meiner Hosentasche und schrieb den Namen drauf. Dann lehnten wir das Schild an einen Buchsbaum, stellten uns dicht nebeneinander in die Mitte unseres Landes und beobachteten die vielen kleinen Lebewesen bei ihrer Arbeit.

»Siehst du«, sagte Saadi. »Hier ist Frieden.«

Wir vertieften uns in ein spannendes Spiel mit unseren Figuren, während die Schnecken und Insekten sich Grünzeug zum Knabbern suchten und Behausungen bauten.

»Mein großer Bruder ist genauso still wie die Tiere«, erzählte Saadi plötzlich. »Er spricht nicht mehr, seit seine Schule in Homs beschossen wurde. Alle Kinder haben sich unter den Tischen versteckt.«

»Aber du sprichst«, bemerkte ich.

»Ich war ja noch in Mamas Bauch«, antwortete er. »Und dann sind wir hergekommen.«

Wir spielten weiter, doch unser Frieden währte nicht lange. Herr Bratzke, der unfreundlichste aller Nachbarn, dem mehrere Wohnungen im Haus gehörten, kam mit zügigen Schritten über den Hof. Sobald er uns erreicht hatte, prasselten zornige Worte aus seinem verzerrten Mund auf uns nieder wie Eisregen. Der Hof sei kein Spielplatz, sondern ein Mietergarten, in dem sich Erwachsene nach Feierabend entspannten wollten, schimpfte er; was wir da überhaupt anstellten, so ginge das nicht, einfach Pflanzen auszurupfen, eine Überschwemmung anzurichten und noch dazu unsere halben Kinderzimmer in der Grünanlage zu verteilen. Schweißglänzend vor Wut hob er bereits einen Fuß an, um unser neu gebautes Land zu zertreten. Gerade noch rechtzeitig stellten Saadi und ich uns ihm so entschlossen in den Weg, dass er innehalten musste, um uns nicht umzuknicken wie ein Fußballer bei einem Foul.

»Wir spielen nicht irgendwas«, erklärte Saadi. »Und wir stellen auch nichts an. Wir haben ein neues Land gebaut. Und es dürfen nur Leute rein, die friedlich sind.«

»Was für ein Unsinn«, schnaubte Herr Bratzke, nachdem er einen kurzen Blick auf unser Schild geworfen hatte. »Von wegen Frieden; euren Lärm habe ich bis oben in meinem Wohnzimmer gehört. So benehmen sich Kinder, die von ihren Eltern keine Grenzen aufgezeigt bekommen. Ich werde –« Gerade wollte er sich noch weiter aufplustern, da entdeckte er Saadis Oma, die von ihrer Bank aufstand und näher kam.

»Ich weiß nicht, was Sie gehört haben, werter Herr Bratzke«, sagte sie lächelnd, »aber Kinderlachen ist kein Lärm. Mich haben mein Enkel und sein Freund hier jedenfalls nicht beim Sonnen gestört. Viel unangenehmer ist Ihr Auftritt.«

»Und ein Friedensland ist kein Unsinn«, erwiderte ich, nun ebenfalls mutiger geworden. »Kommen Sie doch herein und probieren es aus. Sie müssen sonst gar nichts tun. Einfach nur friedlich bleiben.«

»Nichts tun«, wiederholte Herr Bratzke und schüttelte den Kopf. »Seit Jahrzehnten weiß ich nicht mal mehr, wie das geht.«

Dann aber bückte er sich plötzlich und hob meinen Spielzeug-Bauarbeiter vom Boden auf.

»Na so was«, sagte er. »So einen hatte ich als Kind auch. – Darf ich?« Erneut hob er seinen Fuß. Dieses Mal aber nicht, um etwas zu zertrampeln, sondern um unsere Landesgrenze zu übertreten. Saadi und ich sahen uns kurz an und nickten, schon war Herr Bratzke im Friedensland. Er ging in die Hocke, hob auch unsere anderen Figuren auf und fing an zu spielen, als wäre er selbst noch ein Junge. Saadi und ich kicherten leise, dann wollten wir mitmachen, doch zu dritt war es eindeutig zu eng.

»Ich hole rasch ein paar Gartengeräte aus dem Schuppen und eine kleine Erfrischung aus meiner Wohnung«, schlug Saadis Oma vor. Mit ihr zusammen vergrößerten wir das Friedensland, indem wir die Grenzen weiter nach außen setzten. Wir stärkten uns mit ihrem selbst gemachten Eistee und Keksen, dann ging es weiter. Zwischendurch lachte Herr Bratzke so laut, dass auch andere Nachbarn hinzukamen, sich wunderten, dann aber rasch begriffen und uns halfen, unser neues Land immer weiter wachsen zu lassen und zu gestalten. Erwachsene, Jugendliche und Kinder bauten zusammen eine Abteilung zum Spielen, eine zum Ausruhen, eine zum Bewegen und eine zum Essen und Trinken. Jeder steuerte etwas bei, bis nach und nach eine bunte Gesellschaft beisammen war. Unsere Kieselsteine für die Grenze reichten schon bald nicht mehr aus. Saadi schlug vor, sie stattdessen immer mit Kreide neu zu ziehen, sobald wir das Friedensland vergrößerten konnten, und die alte Grenze wegzuwischen. Längst schon hatten kleinere Kinder ihre Straßenkreide mit nach unten gebracht und halfen uns eifrig.

Die Schatten der Häuser und Bäume ringsum fielen bereits lang über den Hof. Die Grenze des Friedenslandes zog sich inzwischen bis auf die Straße, als Lenja und Paul von ihrer Demo zurückkehrten. Das Feuer in den Augen meiner Schwester loderte noch immer, jedoch sah sie auch müde aus. Paul hielt ihre Hand und blickte sich nach allen Seiten um.

»Was ist denn hier los?«, fragte er und suchte meinen Blick.

»Du musst raten«, bestimmte Saadi.

»Es sieht aus wie ein Hoffest. Ich dachte, ihr wolltet Frieden spielen.«

Lenja griff nach einem Glas Eistee und stürzte es hinunter, dann langte sie gedankenverloren in eine Schüssel und schob sich ein paar Himbeeren in den Mund.

»Cool«, sagte sie. »Echt chillig bei euch, so entspannt. Wusste gar nicht, dass wir so nette Leute in der Nachbarschaft haben.« Saadi und ich nahmen die beiden je an einem Arm und zogen sie hinter uns her, um ihnen das Schild zu zeigen.

»Friedensland«, las Lenja vor. »Da habt ihr echt was erreicht, Leute. Kompliment.«

Ein paar Tage lang wuchs unser Friedensland weiter. Große und kleine Menschen trafen sich auf unserem Hof, aßen und tranken zusammen, redeten miteinander und halfen sich bei allem, was anfiel. Irgendwann kam der Herbst und der Regen wusch unsere Landesgrenzen aus Kreide fort. Ich rettete unser Ortsschild aus Rinde und schob es in meine Schreibtischschublade. In den Herbstferien fragte ich meine Mutter nach Saadi.

»Die Familie ist weitergezogen«, sagte sie. »Mitsamt ihren Großeltern. Du hast es nicht gemerkt, weil du auf Klassenfahrt warst, als der Möbelwagen kam. In den kleinen Wohnungen wechseln die Mieter oft.«

Jahre sind seitdem vergangen. Es ist friedlich geblieben in unserem Haus –meistens jedenfalls. Wenn es warm ist, veranstalten wir noch ab und zu Hoffeste. Saadi fehlt mir dabei jedes Mal.

Lenja ist längst von zu Hause ausgezogen. Sie lebt ohne Paul in einer WG und versucht mit viel Einsatz, ebenfalls ein Friedensland daraus zu machen. Eine kleine Welt, in der es keine Grenzen gibt und in der die einzige Bedingung lautet, dass alle, die sie betreten, friedlich sind.

Und heute halte ich unser Ortsschild wieder in den Händen. Ich weiß noch, was Saadi gesagt hat, als wir damals die Kreidegrenzen immer wieder wegwischen mussten, weil unser Friedensland sonst zu klein gewesen wäre.

»Stell dir vor«, hatte er gesagt, »wir könnten bis um die Mächtigen herum zeichnen, gegen die deine Schwester demonstriert, und noch viel weiter. Um alle Menschen herum, bis keiner mehr draußen bleibt. Dann wäre die ganze Welt ein Friedensland.«

»Das wünsche ich mir auch, Saadi«, sage ich jetzt und lehne unser Schild gegen mein Bücherregal. Dann gehe ich runter und bringe meinen Kinderschreibtisch in die frühere Wohnung von Saadis Oma. Vorhin habe ich Herrn Bratzke getroffen. Er hat mir erzählt, dort seien wieder Geflüchtete eingezogen.

Claudia Freund

Friedenslicht

Frieden fängt im
Kleinen an
      Hier ist das Licht
          Jetzt bist du dran

Lerne vergeben
und nicht hassen
      Lass dich an deinem
          Herz anfassen

Behandle alle Seelen
mit bedacht
      Damit die Liebe
          schnell erwacht

Gebe gerne
wovon du hast
      Wir alle sind auf der
          Erde nur ein Gast

Spür die Wärme
von dem Licht
      Gib es weiter
          und vergiss es nicht

Aygen-Sibel Çelik

Die Straße

Angrenzungen

Das da bin ich. Ich lache auf dem Foto. Du siehst, wie Mina, Amira und ich sternförmig auf dem Boden liegen. Du siehst, wie unsere langen Haarsträhnen sich verhaken, miteinander Herzen formen. Yassins Kunstwerk aus kastanienroten, bernstein- und nussbraunen Haaren. Du siehst unsere Freundschaft.

Du sieht Yassin nicht, Amiras älteren Bruder. Du siehst nicht, warum ein damals 15-Jähriger sich mit drei frechen Mädchen abgibt. Yassin hatte schon immer ein Auge auf mich geworfen. Wieso sollte ein Junge sonst so einen Mädchenkram mitmachen? Du siehst nicht unsere Lachtränen, die wir immer wieder wegwischten, hörst nicht unser Kichern, als Yassin um uns herumbalancierte. Wie er sich absichtlich lange an meinen Haaren aufhielt. Siehst nicht, wie meine Freundinnen mich zwei Stunden davor aufgezogen haben, wegen meiner neuen roten Schuhe. Nicht weil sie rot waren, sondern einen höheren Absatz hatten. Meine ersten Schuhe mit einem 5-cm-Absatz. Siehst du nicht, wie wir an jenem Morgen gemeinsam gefrühstückt hatten?

Oliven und Schafskäse, Tomaten und Weißbrot, heruntergespült mit zuckersüßem Tee? Wie immer damals …

Oh, das da bin ich auch, etwa vier Jahre später. Ich lächle auf dem Foto. Es ist vor sechs Monaten entstanden zum Aufmuntern für die Verwandten daheim. Du siehst meine Mutter, auf ihrem Arm mein kleiner Bruder. Die freie Hand liegt auf meiner Schulter. Du siehst meinen Vater danebenstehen. Fast verschwindet er am Bildrand. Du siehst meine Familie, wie sie lächelt.

Du siehst das Gitter neben Vater nicht, das unser Leben abgrenzt von dem der anderen und deinem. Siehst nicht die Gemeinschaftsduschen, das Bettenlager und die Ecke, unser einziger Privatbereich. Unser Hab und Gut, alles, was uns geblieben, in dieser Ecke verstaut, verhüllt mit Mutters Gebetstüchern, zum Schutz vor fremden Augen und fremden Fingern. Du siehst nicht die unerträgliche Nachricht von Mina, die kurz davor in meinem Handy gelandet ist. So wie die Ruinen daheim, die ich darin konserviere für die Zukunft, die es vielleicht nicht geben wird. Du siehst nicht den Streit zwischen Mutter und Vater zwei Stunden davor, wieder wegen einer Lappalie. Den umgeworfenen Tisch aus Aldi-Karton, die entgegen der Hausordnung in den Schlafbereich *geschmuggelten* Plastikteller, deren Inhalt auf dem Boden liegt, so wie der verratene Stolz eines hilflos ausgelieferten Vaters. Siehst du nicht das zerbombte Herz meiner Mutter, den minenverseuchten Weg unserer Flucht und die Ehekrise, fein verhüllt in unserem Lächeln? Den Kartoffelsalat auf dem Boden, dazwischen die vorher aussortierten Fleischbällchen, die Brötchen und den Rotkohl?

Ich klage nicht. Menschen klagen nur aus Angst vor dem Unheil und um es abzuwenden. In echter Not klagt niemand.

Sie rufen ihn Liam. Immer öfter ertappe ich ihn in meinen Tagträumen. Immer öfter ist er mein heimlicher Gesprächspartner. Im Geiste rede ich zu ihm, wie ich sonst Dauergespräche mit mir selbst führe oder im Stillen mit Gott mein Leben aushandele. Ich erzähle Liam von mir, entschuldige mein Elend. Das, was er sieht, das bin nicht ich.

Er liefert das Essen. Manchmal, mittags, hilft er es ausgeben. Ich bilde mir ein, dass seine Augen mich suchen. Meine tun es. Mir gefallen seine Hände. Manche Menschen verzaubern die Dinge, die sie berühren. Selbst eine Serviette wird in seinen Händen zu etwas Kostbarem. Neulich hat er mir diese eine gereicht, obwohl er nur für das Auffüllen der Teller zuständig ist. Besteck und alles weitere, darum muss sich jeder selbst kümmern. Vielleicht war es auch nur Zufall, dass nur ich eine Serviette von ihm bekommen habe. Das will ich nicht glauben.

Mein Herz klopft, lange bevor mir mein Magen die Mittagszeit meldet. Ich werde unruhig, seltsam gut gelaunt, wenn die Zeit naht. Seine Zeit in der Kantine, hier im Lager. Vielleicht ist er auch nicht der, den ich sehe? Hier herrscht ein seltsam kühles Licht, eine fremde Wirklichkeit, die unser Elend ausleuchtet und in seine hässlichen Bestandteile zerlegt. Es macht den Kontrast so unüberwindbar groß zu dem Leben da draußen. Wieso sollte es nicht auch die verändern, die freiwillig hierherkommen? Ich weiß nichts von ihm, von seinem Leben außerhalb.

Als Essensdünste zu uns rüberziehen und sich auf unseren Schlaflagern absetzen, weiß ich, dass er da ist. Es dauert unerträglich lange, bis das erste Geschirrklappern bis hierher durchdringt. Ein Zeichen, dass mit der Ausgabe begonnen wird. Ich zügele mein Verlangen, sofort aufzuspringen. Schließlich dürfen meine Eltern nichts bemerken und natürlich auch er nicht. Ich hoffe, dass er nicht schon weggefahren ist. Ich hoffe, das heute wieder zu wenig Helfer da sind, damit er bleibt und der Teller, den wir für Bruchteile einer Sekunde gleichzeitig berühren, wieder die Brücke zwischen uns wird.

Die Reihe windet sich bereits zwei Mal vor der Ausgabetheke, als ich mit meiner Familie die Kantine betrete. Meine Eltern legen großen Wert darauf, nicht gierig und würdelos zu wirken. Als stünden wir an jenem Buffet im Fünf-Sterne-Hotel, damals bei der Hochzeit von Minas großer Schwester, wo ich als Achtjährige einen Baklava-Turm auf meinen Teller gebaut hatte. Als könnte uns heute hier jemand die Würde absprechen, die längst auf unsere reine Existenz als Mensch geschrumpft ist.

Liam hat alle Hände voll zu tun. Immer wieder greift er zur Kelle, bückt sich, wendet sich, um einen Joghurtbecher und eine Scheibe Brot beizugeben. Er lächelt. Dann hin und wieder schweift sein Blick über die Schlange hinweg. Er hat keine Zeit zu suchen, das nächste Händepaar streckt sich ihm entgegen. Ich sehe ihn genau. Er lächelt trotz Stress und bei jedem Einzelnen nehmen seine Hände sich Zeit, spenden Achtung, nicht bloß Essen. Ich nähere mich Liam, achte auf meine Haltung, meine Bewegungen. Schritt für Schritt schreite ich voran, als träte ich vor den Altar.

»Danke!« Das unterdrückte Zittern meiner Hände überträgt sich auf meine Stimme. Vielleicht hat er es nicht bemerkt? Wegen der lauten Umgebungsgeräusche, der vielen Stimmen? Ich richte meinen Blick auf meinen Teller, der mir gerade als Krücke dient, weil ich den Verrat meiner Augen fürchte. Meine Hände hier, drüben am anderen Tellerrand seine. Ich verfolge die braune Soße, die von dem Hügel aus Kartoffelpüree und der kleinen Hähnchenkeule herabrinnt.

»Afwan!« Seine Stimme fließt mir das Rückenmark entlang. Hast du gerade meine Sprache gesprochen? Dieses Wort aus seinem Mund. Wann habe ich mich zuletzt wieder zu Hause gefühlt? Ich sehe ihn an. Unsere Augen lösen unsere Hände ab. Meine sich entfernenden Eltern und der unsichtbare Druck der Menschen hinter mir bewegen meine Füße fort von ihm. Schnell lächle ich ihm zu und wage nicht zu glauben, dass ich es tue.

Abgrenzungen

Seine Hände bleiben in den Hosentaschen, während ihre Gel-nägel durch seine Haare fahren. Widerspenstig. Sie kämmt sie, bis das Deckhaar endlich über dem rechten Auge liegen bleibt. »Sieht cooler aus!«, sagt sie und lächelt. Seine Schultern fahren noch höher zu seinen Ohren, sein Kopf sinkt weiter nach vorn. Er verkrampft, als würde er frieren.

»Holst du mich nachher ab?« Sie versucht Blickkontakt auf-zunehmen. Sein neuer Pony, ihr Werk, stört, sie schiebt ihn zur Seite.

»Muss heute länger bleiben.«

»Schon wieder?« Sie stutzt, runzelt die Stirn. Keine Geduld. Sie wendet sich ab, verschränkt die Arme. »Merkst du eigent-lich was?«

»Was denn?«, presst er heraus. Genervt.

Sie blickt zur Decke, damit die Tränen zurückfließen. Ihre Entscheidung fällt. Sie schweigt, greift nach ihrer Tasche.

»Hey! Es fehlt wieder an Helfern, ich muss doch …« Seine Er-klärung kommt zu spät. Sie lässt ihn zurück, ohne den übli-chen Kuss.

Er sieht ihr eine Weile hinterher. Langsam verlassen seine Hände die Hosentaschen. Seine Haltung entspannt sich. Er fährt sich durch die Haare, wischt den Pony aus dem Gesicht. Er geht in die andere Richtung.

Eingrenzungen

Zuletzt online vor drei Monaten. Amira. Ich rufe ihre letzte Nachricht immer wieder auf. Es hat sich zum Zwang entwickelt. Auch das Rätseln. Seitdem hat sie sich nicht mehr gemeldet. Unsere Fragen unbeantwortet. Ihre Lücken im Chat unzählig wie unsere Fragezeichen. Auch Mina macht sich Sorgen. Wir beide schreiben uns inzwischen nicht mehr in »Hairs«, unserer Dreiergruppe. Nur, um Amira mit unseren Befürchtungen nicht zu belasten.

Ich bete jeden Tag um ein Lebenszeichen. Mehr nicht. Ich weine zum Beispiel nicht. Sorgen sind in mir mittlerweile nur noch Knoten. Die ich unverdaut irgendwo im Bauch vergrabe. Dort warten sie, während das Leben weitergeht, darauf, irgendwann gelöst zu werden. Minas Profilbild ist noch dasselbe. Eine Straße in Homs. Eine, die Kindheit heißt, Freundschaft und Heim. Die, in der wir drei aufgewachsen sind, so wie Schwestern. Haus an Haus in Syrien. Das ist Jahrhunderte her.

»Wir sehen uns in Deutschland wieder. Ganz bestimmt!« Es war kein Plan. Es war unsere Hoffnung. Ich habe sie nicht verloren. Aber für Mina und Amira ist es keine Wirklichkeit geworden, das Treffen in der Türkei. Yassin hatte es eilig. Es zog ihn nach Griechenland, um von dort weiterzuziehen. Noch ehe Mina und Amira sich finden konnten, waren die Geschwister weg.

Ich ziehe mir die graue Decke über den Kopf. Sie ist mein Zimmer, mein Privatbereich geworden, bietet mir Schutz und Wärme zugleich. Vater ist losgezogen, um das Essen für meinen Bruder aufwärmen zu lassen. Er weint. Kleinkinder essen nicht nach Plan. Mutter schaukelt ihn. Ich fühle ihr leeres Starren, kann ihr meinen Bruder nicht abnehmen, ich kann sie nicht trösten. Ich habe aufgegeben.

Griechenland. Meine Unwissenheit beschämt mich jetzt. Ich hätte Amira warnen können, hätte versuchen können, sie umzustimmen. Sie kennt uns gut. Sie hat nichts gesagt. Landweg. Das war Flucht für mich. Wie konnte ich wissen, dass der Abschied meiner Freundin nicht tagelanges Laufen bedeutete, Wochen und Monate des Wartens vor Zäunen und Bahnhöfen, weggedrängt, verscheucht und gejagt zu werden? Wie konnte ich wissen, dass ihre Flucht kürzer war, und gefährlicher? War sie wirklich in ein solches Boot gestiegen? Eins, wovon hier so viele reden? Eins, deren Reste in den Nachrichten ans Ufer gespült werden, neben all den Kinderleichen? Warum meldete sie sich nicht?

»Yassin sagt, wir bleiben nicht lange in Griechenland. Wir sehen uns in Deutschland wieder. Ganz bestimmt!«

WILLKOMMEN IN DER HÖLLE

STELL DIR VOR, DU MUSST FLIEHEN

UND DU WEISST NICHT WOHIN

UND DU STECKST JAHRELANG OHNE PERSPEKTIVE FEST

UND die EINZIGE CHANCE IST DER WEG Über S MEER

UND DER ZUGANG ZUM ASYLVERFAHREN WIRD VERSPERRT

UND AN DER GRENZE WIRST DU ZURÜCKGETRIEBEN MIT GEWALT

UND DU LANDEST MIT ANDEREN IN DRECK UND ELEND

UND DU WIRST IM EINREISELAND FESTGESETZT

UND DU WIRST IN Der MASSENUNTERKUNFT ISOLIERT

UND DU BEKOMMST KEIN FAIRES VERFAHREN

UND DU BIST JAHRELANG VON DER FAMILIE GETRENNT

UND DU WIRST INHAFTIERT, OHNE ETWAS VERBROCHEN ZU HABEN

UND DU WIRST ZURÜCKGEBRACHT

DORTHIN WO DU VERFOLGT UND BEDROHT WURDEST.

»SIE HABEN UNS GESCHLAGEN.
SIE KAMEN GANZ NAH MIT DEN
HUNDEN, WIR HATTEN ANGST
UND SIE HABEN NUR GELACHT.«

Farshid Mohammadi, afghanischer Flüchtling, über seine illegale Abschiebung durch die kroatisch
Grenzpolizei*

Safiye Can

»NATÜRLICH GIBT ES EIN
BISSCHEN GEWALT, WENN MAN
MENSCHEN ABSCHIEBT.«

Kolinda Grabar-Kitarovic, Präsidentin des EU-Mitglieds Kroatien*

Wolfram Hänel

Robin Hood 2035

Als der Typ plötzlich vor ihm stand, war er für eine Sekunde wie gelähmt, starr, ohne einen Muskel bewegen zu können. Unfähig zu irgendeiner Reaktion.

Und der Andere nutzte seine Chance, ohne zu zögern. Er weiß, wie man kämpft, dachte Robin noch, als ihn ein heimtückischer Schlag auch schon rückwärts stolpern ließ. Nahezu gleichzeitig erwischte ihn ein Tritt genau an der Kniescheibe, der Schmerz war so groß, dass er einen Aufschrei nicht unterdrücken konnte.

Aber der erste Schock war vorbei, sein Gehirn funktionierte wieder, die Muskeln reagierten auf die ausgesandten Befehle, Robin nutzte die Bewegung und zog seinen Gegner im Fallen mit sich, trat ihm dann kurz vor dem Aufprall auf den Boden die Beine weg und ließ sich in letzter Sekunde zur Seite rollen. Um sich gleich darauf über den Anderen zu werfen, ihm das Knie in den Nacken zu drücken und ihn mit dem vollen Gewicht seines Körpers zu fixieren, während er mit Mund und Nase im Dreck hilflos nach Luft schnappte.

Die Bullen nutzten die gleiche Form der Fixierung, wenn sie einen von ihnen erwischten, selbst wenn es nur bei einer Demo war, und sie scherten sich einen Dreck um die Tatsache, dass bei dieser brutalen Maßnahme schon wenige Sekunden zu viel ausreichten, um das Opfer ersticken zu lassen.

Robin spürte, wie auch der Typ unter ihm jetzt kraftlos wurde, sein Atem ging röchelnd, seine Arme versuchten nicht mehr nach ihm zu schlagen, er hatte bereits aufgegeben.

»Okay«, zischte Robin. »Ich lass dich los, du kannst hochkommen, aber langsam, ganz langsam, versuch nicht, mich auszutricksen.«

Mit einem Satz sprang er auf und wich ein Stück zurück, um genügend Abstand zu haben, falls sein Gegner die Warnung missachten würde. Und er zog den kurzen Stock aus dem Gürtel, mit dem sie alle immer wieder für den Nahkampf trainierten, Eschenholz, so hart wie Stahl und glatt poliert, um ihn mühelos von einer Hand in die andere schnellen zu lassen, damit der Gegner nicht wusste, aus welcher Richtung der Schlag kommen würde.

»Na los, steh auf!«, befahl er noch mal. »Und dreh dich ganz langsam um, ich will dein Gesicht sehen.«

Er sah, wie der Andere sich bemühte hochzukommen, ihm aber gleich wieder die Beine einknickten, fast war er versucht, ihm die Hand hinzustrecken, um ihm aufzuhelfen.

»Jetzt mach schon, stell dich nicht so an«, blaffte er stattdessen, als gelte es unter allen Umständen, bloß kein Mitleid zu zeigen, keine Schwäche. Der Andere durfte ihm nicht leidtun, immerhin war er in ihr Gebiet eingedrungen, er musste die Wachen umgangen haben, er hatte sogar ihn überrumpelt, er konnte kämpfen, er war gefährlich. Bis Robin nicht genau wusste, wer er da vor sich hatte, war der Andere ein Feind.

Der Typ drehte ihm immer noch den Rücken zu, er stand gebückt, mit den Händen auf den Knien, und er schwankte leicht, als er sich jetzt aufrichtete. Er hatte eindeutig Mühe, das Gleichgewicht zu halten. Aber als er sich umdrehte, hatte er immerhin wieder genug Atem, um Robin entgegenzuschleudern: »Fuck you!« Und seine Augen schienen Funken zu sprühen. Robin war klar, dass der Typ ihn nur aus einem einzigen Grund nicht sofort wieder angriff: Ihm fehlte noch die Kraft, er war noch nicht wieder so weit.

»Fuck *you*«, reagierte er halbherzig, im gleichen Moment hatte er das Gefühl, dass sein Herzschlag für eine Sekunde aussetzte. Es konnte nicht sein, es war unmöglich, das hätte er doch merken müssen, aber …

Als der Andere die Kapuze seines Hoodies abstreifte, gab es keinen Zweifel mehr. Natürlich, es gab auch Jungen mit Dreadlocks und fast mädchenhaften Gesichtszügen und auch mit Kajal-Strichen unter den Augen, aber wer ihm da gegenüberstand, war ganz eindeutig eine Frau!

Robin musste heftig schlucken, es war, als würde sein Verstand jede Reaktion verweigern.

»Hast du mich jetzt genug angestarrt?«

»Wer … wer bist du?«, stammelte er. »Was willst du hier? Wieso …«

»He! Komm mal wieder runter, ja? Dass ich ein paar Titten habe, scheint dich ja echt fertigzumachen. Was ist los mit dir? Hast du ein Problem damit, dass ich eine Frau bin?«

»N... nein, es ist nur ...«, Robin schluckte wieder. »Ich hätte dich nicht so ... mit dem Knie im Nacken und so, tut mir leid, wenn ich dir ...« Er zuckte mit den Schultern. Es war lächerlich, was er gerade abzog, das wusste er. Aber er wollte ihr klarmachen, dass er nie mit einer Frau so brutal umspringen würde, wie er es bei ihr getan hatte.

»Sag mal, geht's noch?« Es schien fast, als wäre sie jetzt noch wütender als vorher. Beleidigt. Verletzt in ihrer Eitelkeit. »Alles ist gut. Ich habe dich angegriffen, und du hast mich ausgetrickst, mehr ist nicht passiert. Mein Fehler, nicht deiner.«

»Und was willst du? Ich meine, warum bist du hier überhaupt aufgetaucht?«

»Bei euch mitmachen. Deshalb bin ich hier. Und dass ich euch gefunden habe, ist ja wohl Beweis genug, dass ich nützlich für euch sein kann, trotz Titten und so, oder?«

Robin wusste immer weniger, was er von ihr halten sollte. Irgendetwas warnte ihn davor, ihr einfach zu glauben, gleichzeitig gab es eine andere Stimme in seinem Kopf, die genau das wollte: ihr glauben! Sie ist keine ... Spionin, sie kommt nicht von den Bullen, sie will bei uns mitmachen, weil sie ...

»Warum?«, fragte er. »Warum willst du bei uns mitmachen? Was weißt du über uns?«

»Ihr seid ... so um die tausend Leute, sagen sie, vielleicht sogar noch mehr. Ihr versteckt euch in den Wäldern und Mooren, von hier bis zum Meer, in verlassen Häusern und

Dörfern, in alten Bunkeranlagen. Ihr habt euch in kleinere Gruppen aufgeteilt, um gleichzeitig an verschiedenen Orten auftauchen zu können. Und ihr seid gut, sie erwischen euch nicht, obwohl sie es immer wieder versuchen. Sie sind echt sauer, ihr nervt sie, sie jagen euch, sie wollen euch endlich drankriegen, damit Schluss ist mit euren Aktionen. Ihr seid der Staatsfeind Nummer eins. Aber ihr bleibt nie länger als nötig an einem Ort, ihr schlagt zu und verschwindet wieder. Tausend Leute, verstreut über halb Norddeutschland, und du bist einer der Anführer, ich habe dich beobachtet, ich bin euch gestern gefolgt.« Sie zuckte mit den Schultern. »Die Aktion, die ihr abgezogen habt, war gut. Aber eure Flucht war Scheiße, zu viel Chaos. Siehst du ja daran, dass ich es geschafft habe, euch zu finden.«

»Hier sind wir weniger als hundert«, rutschte es Robin heraus. »Achtundneunzig, um genau zu sein.« Er wusste nicht, was mit ihm los war, es gab eine feste Regel bei ihnen, erzähl nie jemandem, den du nicht genau kennst, etwas über die Gruppe, erzähl möglichst gar nichts, auch nicht über dich – jedes Wort, das du zufällig sagst, kann ein Wort zu viel sein und dich in den Knast bringen. Die Frau vor ihm hatte verdammt recht, keiner von ihnen war mehr sicher.

Aber es war, als wäre er es plötzlich leid, immer nur vorsichtig zu sein, immer damit rechnen zu müssen, verraten zu werden. Er wollte dieser Frau mit den Dreadlocks und den Kajalstrichen unter den Augen vertrauen. Er wollte ihr am liebsten *alles* erzählen, auch wenn er genau wusste, dass es vielleicht ein Fehler war. Ein Fehler, den er bitter bereuen könnte!

Doch es gab ohnehin keine Sicherheit, für gar nichts, schon lange nicht mehr. Niemand hatte damit gerechnet, dass es so kommen würde, sie selbst am allerwenigsten. Sie hatten nichts weiter gewollt, als auf sich aufmerksam zu machen. Auf ihre Ziele, ihr Anliegen. Sie hatten es für wichtig gehalten, die Leute aufzurütteln, damit endlich mal jemand begriff, dass sie alle etwas tun mussten, wenn sie überleben wollten. Dass sie etwas verändern mussten! Auch bei sich selbst. Jeder von ihnen. Es war nicht mehr länger nur fünf vor zwölf, vielleicht hatten sie nur noch diese eine Chance, bevor es zu spät war. Bevor es kein Zurück mehr gab und sie unweigerlich in die Katastrophe schlittern würden.

Aber niemand hatte ihnen zuhören wollen. Und plötzlich waren sie zum Feind geworden, von einem Tag auf den anderen, bevor sie überhaupt richtig begriffen hatten, was da passierte. Der Feind, der die Ruhe und Ordnung störte und den Politikern, den Wirtschaftsbossen, den Bankern und Millionären ihre Macht nehmen wollte, ihre Privilegien, ihr Geld, ihren Reichtum. Ihre verdammte Sicherheit, in der sie sich immer weiter auf Kosten der Ärmeren fett fraßen und ohne jeden Skrupel riskierten, dass alle anderen auf der Strecke blieben. Hauptsache, ihre Golfplätze wurden bewässert und sie konnten weiter mit ihren Privatjets zum Skilaufen nach Dubai in den Snowdome fliegen …

»Achtundneunzig Leute«, wiederholte er. »Aber wir sind nicht die einzige Gruppe, es gibt andere, auch größere, und alle zusammen sind wir deutlich mehr als tausend … eher so um die zwanzigtausend, allein hier im Norden. Klar, dass sie das nie zugeben werden, obwohl ich mir sicher bin, dass sie die Zahl ziemlich genau einschätzen können, aber die Wahrheit zu sagen, würde bedeuten, zugeben zu müssen, dass sie tatsächlich ein Problem haben. Zwanzigtausend Leute, die ihnen einen Strich durch die Rechnung machen, das können sie nicht einfach vom Tisch wischen. Und wir werden immer mehr, nicht nur die meisten Umweltgruppen haben sich inzwischen radikalisiert, sondern auch andere Leute haben kapiert, dass es vorbei ist mit der Idee von einem gewaltfreien Widerstand. Wir alle haben es kapieren müssen«, setzte er leiser hinzu, als würde er mit sich selbst sprechen. »Wir haben es doch lange genug versucht, ohne dass etwas anderes passiert wäre als immer nur dieselben Sprüche und Lügen, um uns stillzustellen. Bis wir kapiert haben, dass es nicht reicht, Demos zu organisieren und Flugblätter zu verteilen.«

Robin merkte selber, wie bitter seine Stimme klang. Und viel zu … selbstgerecht, als müsste er seine Haltung verteidigen, das, wofür sie alle kämpften. Ihr Kampf für einen Traum von einem anderen Leben, von einer besseren Welt. Auch wenn sie manchmal so verdammt müde waren. Und Angst hatten. Und am liebsten aufgeben würden.

»Du kennst den Grund, warum ich bei euch mitmachen will«, sagte die Frau mitten in seine Gedanken hinein. Und sie wich seinem Blick nicht aus, als sie weitersprach. »Egal wie radikal wir werden, es ist … nichts als Notwehr. Sonst passiert gar nichts und wir gehen alle zusammen vor die Hunde. Flugblätter und Sitzblockaden haben noch nie gereicht, die Entscheidungen der Politik zu verändern. Irgendwann interessiert es auch niemanden mehr. Wie oft kann man eine Colaflasche schütteln, sodass sie noch überschäumt? Deshalb müssen wir aufhören, die Flaschen nur zu schütteln. – Habt ihr irgendwie so was wie eine Aufnahmeprüfung? Fragt mich, was ihr wollt, ich werde antworten. Oder soll ich noch mal gegen einen von euch kämpfen? Noch mal gegen dich? Aber diesmal mit Zuschauern, damit alle sehen können, wie *ich* dir mein Knie in den Nacken drücke?«

Sie ist anders als alle anderen Frauen, die ich kenne, dachte Robin, wer ist sie? Und wieso weiß ich immer noch nicht, ob ich ihr trauen soll? Warum schicke ich sie nicht einfach zum Teufel? Oder nehme sie mit zu den anderen, sollen die entscheiden!

»Dauert es immer so lange, bis du eine Entscheidung triffst?«, stichelte sie. Als könnte sie seine Gedanken lesen.

»Komm mit«, sagte er. »Ich will dir was zeigen!«

Er lief los, ohne abzuwarten, ob sie mitkommen würde. Aber natürlich folgte sie ihm, er konnte ihre Schritte dicht hinter sich hören. Eher zum Spaß beschleunigte er das Tempo. Als sie die verwüstete Fläche mit den aus der Erde ragenden Wurzelballen und den umgestürzten Baumstämmen passierten, überholte sie ihn mit einer Leichtigkeit, die ihn zwang, sich auf jeden Schritt und jeden Sprung zu konzentrieren, um nicht den Anschluss zu verlieren. Sie kann nicht nur Krav Maga, sondern sie läuft unter Garantie auch Parcours, dachte Robin. Und sie ist gut! Verdammt gut sogar.

»Wie heißt du überhaupt?«, rief er ihr zu.

»Du kannst mich Marian nennen, Robin!« Er war sich sicher, dass ihre Augen dabei vor Spott funkelten, sie machte sich lustig über ihn, aber es störte ihn nicht, im Gegenteil, plötzlich kam es ihm vor, als würden sie sich schon ewig kennen. Er und Marian. Robin und Marian.

»Da vorne nach links! Es ist nicht mehr weit, wir sind gleich da!«

Zwei Minuten später hatten sie den Platz erreicht, den er ihr zeigen wollte. *Seinen* Platz, der ihm ganz alleine gehörte, zu dem er noch nie jemanden mitgenommen hatte. Der Platz, von dem aus man über die ganze Ebene blicken konnte. Bis zum Horizont. Wo sich früher der Fluss durch die satten Wiesen geschlängelt hatte, wo Pferde geweidet hatten und schwarz-weiße Kühe, während die Wolken am Himmel vom Wind getrieben wurden wie Wattebäusche. Wo sich Fuchs und Hase für immer Gute Nacht gesagt hatten, bevor das Flussbett ausgetrocknet und die Wiesen verdorrt waren. Und doch konnte man die Augen schließen und alles war wieder so wie früher. Für ein paar Minuten, die wie eine Ewigkeit waren.

»Du musst es dir vorstellen«, flüsterte Robin. »Mach einfach die Augen zu und stell es dir vor.«

Im selben Moment hatte er das Gefühl, sich lächerlich zu machen. Was soll das, dachte er, was rede ich da bloß? Sie muss mich für bescheuert halten! Wie soll sie verstehen, was ich meine? Da vor uns ist nichts als … Staub und Dreck und ein paar geborstene Bäume. Bis zum Horizont und noch weiter.

Aber ich träume immer noch davon, morgens aufzu-
wachen und – irgendwo zu sein, wo es keine Kriege gibt,
keinen Hass, keine Gewalt …

Er spürte, wie sich Marian ganz leicht gegen ihn lehnte.
Ein plötzlicher Windstoß wehte ihm eine Haarsträhne von
ihr ins Gesicht. Sie hatte die Augen geschlossen, ihre
Stimme klang vollkommen ruhig, als sie sagte: »Es ist friedlich hier. Ich stelle mir gerade vor, dass es vielleicht der
Platz ist, an dem sich die Bewohner der Nacht versam-
meln …«

Es dauerte eine Weile, bis Robin die einzige Frage stellte,
die ihm logisch erschien: »Und was tun sie, deine Bewohner der Nacht?«

»Sie tanzen! Sie treffen sich hier, um zu tanzen.« Marian
legte ihm den Arm um die Hüfte und zog ihn an sich.

»Und jetzt sag mir, wann die nächste Aktion sein wird,
die ihr geplant habt. Ich möchte dabei sein!«

»Morgen«, erwiderte Robin leise. »Und … wenn es
schiefgeht, sind wir echt am Arsch.«

»Wir haben nichts zu verlieren außer unserer Angst,
oder? Es ist unser Traum. Und unsere Zukunft.«

Claudia Freund

Oma

Oma
erzählte oft
vom Krieg

Wie es war
im Luftschutzbunker
zu sitzen

Von Freundinnen
die im Bombenhagel
starben

Angsterfüllt
an den Vater
denken

Hungrige Tage
und Nächte
: Wochen

Jüdische Menschen
die abgeholt wurden
und nie wiederkehrten

»So was
kommt nie wieder«

Das war ihre Hoffnung

Mitten in Europa
in der Ukraine
kam das Grauen
zurück

Unzähliges Sterben
durch Soldaten
und Waffen

Zittern
vor Angst
in dunklen Kellern

Menschen
verschwinden
werden verschleppt

: Hunger

Schulen geschlossen

Viele auf der Flucht

Irgendwann erzählen
die Leute von diesem Krieg

Vielleicht sagen sie

»So was
kommt nie wieder«

Lutz van Dijk

Oleg – mein russischer Freund;
oder:
Wie können Kriege jemals aufhören?

Als Opa ein Kind war –
nach dem letzten großen Krieg in Deutschland

»Stell dich nicht so an!«
Ein Satz jener Zeit.
Warnend, drohend.
Längst nicht nur an mich gerichtet.

Anstellerei war verpönt in jener Zeit,
als ich noch klein war.
Manchmal gebrüllt.
Manchmal leise gezischt.
»Ja du – genau du.«
»Brauchst gar nicht weggucken.«
»Stell dich bloß nicht wieder so an!«

Über andere kann ich wenig sagen.
Aber ich? Ich stelle mich nicht an.
Gehöre sowieso nicht dazu.
Will in keiner Reihe stehen.
Atme tief durch.
Schaue auf meine Füße.
Keine Worte in mir.
So viel Schreien um mich herum.
Dann wieder tagelanges Schweigen.
Schweigen und Schreien.
Schreien und Schweigen.

Gab es nichts anderes?
Doch.
Gab es.

Den Nachbarsjungen Anton und mich.
Und die anderen aus der Mau-Mau-Siedlung
von gegenüber:
Oleg, Lisa, Leo, Pawel und noch ein paar.
Oleg aber war am meisten anders.
Einerseits ein geborener Anführer.
Andererseits tief verwundet.
Geschlagen und missbraucht
vom eigenen Vater.

Lange wusste ich es nicht.
Aber ahnte etwas.
Darum wollte ich ihn als Freund.

Denn auch davon will ich erzählen.
Nicht nur vom Schreien und Schweigen.
Auch von unserer sprachlosen Sehnsucht nach Liebe.

Damals nach dem Krieg.
Als alle noch immer Angst vor den Russen hatten.
Aber kaum jemand wirklich welche kannte.
Jedenfalls bei uns in Westberlin.
Ich aber kannte Oleg.
Und wollte ihn zum Freund haben.
Um jeden Preis.

Damals

Richtige Ruinen noch in unserer Nähe. Einige abgezäunt.
Andere stehen einfach so da. Alles von Wert ist weggeholt.
Aber doch noch spannend.

Die Menschen sagen: »Nie wieder Krieg!«
Alle Menschen, die ich kenne, sagen das.
Oder auch: »Krieg ist schlecht.«
Mama und Vater. Die blinde Oma Elli, Opa Hans und Oma
Maria. Die laute Tante Inga, der verrückte Onkel Konrad.
Auch Onkel Sonny, der gar nicht wirklich unser Onkel ist.
Alle sagen das.

Mein Bruder Harald war damals noch zu klein, um dazu gehört zu werden. Auch wenn er mit fast acht schon drei Jahre älter ist als ich. Also sagt er gar nichts. Aber ich weiß, dass er der Einzige ist, der Ruinen gut findet. Zum Spielen.

Es gibt Menschen, die sind Flüchtlinge.
Ganz viele Menschen. Sie kommen mit etwas Gepäck auf dem Rücken. Manchmal nur in eine Decke gewickelt. Das ist alles, was sie haben.
Gelaufen kommen sie. Auch Kinder laufen. Tagelang. Wochenlang.
Und dann kommen sie an.
Endlich in Berlin. Westberlin.
In unserem langweiligen Stadtteil mit dem komischen Namen – Lankwitz.

Wir wissen nicht viel von ihnen. Sie wohnen auf der anderen Straßenseite. Sie sind auch anders. Wie anders weiß ich nicht. Jedenfalls bisher nicht.

Sie wohnen da in Baracken oder vergammelten Steinhäusern. Kann man von außen sehen, weil mehrere Fensterscheiben kaputt sind. Manchmal nur mit Pappe vernagelt.
Meine Eltern und die meisten Nachbarn nennen die Gegend Mau-Mau-Siedlung. Hat nichts mit dem Kartenspiel zu tun.
Vater weiß, dass es was mit Afrika zu tun hat.

Mit Afrika?

»Ja«, sagt Vater. »Da ist doch auch nur Chaos. Und Elend. Und Gewalt.«

Woher er das weiß?

»Is' so!«, behauptet er. »Ich war bei den Engländern in Gefangenschaft.«

Ach so. Daher hat er das.

Aber auch die anderen sagen: Mau-Mau-Siedlung. Es klingt wie etwas, das weniger wert ist.

Mau Mau.

Unordentlich, schmuddelig.

Dumm irgendwie. Wie Hundegebell.

Aber immerhin ist da öfter was los. Zuweilen hören wir deren laute Musik. Fremde Musik. Angeblich russisch. Wenn der Wind ungünstig steht, sogar richtig laut. Sonst ist nicht viel los in Lankwitz.

»Unmöglich«, beklagt sich Mama.

Aber sie würde nie die Polizei rufen, wie der abgemagerte Nachbar mit nur einem Bein von gegenüber.

Von den vielen Kindern dort kenne ich niemanden. Bis wir umziehen und ich in die neue Schule komme.

Da sitzen sie plötzlich. Oleg und Lisa. Und Leo und Pawel und all die anderen.

Sie reden anders als Anton und ich. Lange reden sie gar nicht mit uns.

Und wir nicht mit ihnen.

Mit meinem Freund Anton rede ich manchmal darüber, wie alles anders sein könnte. Besser sein sollte. Über seine Knochenkrankheit.

Oder meine Eltern, die so oft streiten.

Ich weiß nicht warum. Aber ich bin sicher, auch Oleg und seine Freunde reden in ihrer Sprache darüber, wie vieles anders sein sollte.

In ihrem Leben da in der Mau-Mau-Siedlung.

Alles so lange her. Wirklich?
Ja. Gut sechs Jahrzehnte.
Das ist doch wohl lange her.

Heute fliehen mehr Menschen als jemals zuvor in der Welt. Auch nach Deutschland.
Erst kamen sie von weit weg.
Jedenfalls gefühlt weit weg – aus Syrien und dem Libanon zum Beispiel.
Jetzt kommen sie aus der Ukraine.
Nicht mehr weit weg.
Gefühlt ganz nah, auch wenn der faktische Abstand ähnlich ist.

Millionen Menschen fliehen.
Nur weil hier bisher keine Bomberflugzeuge über Dächer donnern.

Weil dort der Tod und die Angst davor nicht mehr auszuhalten waren. Der Hunger. All die Schwerverletzten und
kaum noch Ärzte.
So viele Kinder. So viele Schmerzen.

Noch immer sagen die meisten Menschen: »Krieg ist
schlecht.«
   Aber seit dem Ukraine-Krieg sagt kaum noch jemand:
»Nie wieder Krieg!«
   Oder gar: »Frieden schaffen ohne Waffen.«
   Denn Panzer und Raketen sind nun plötzlich wichtig
geworden.
   Beinah über Nacht.
   Egal wie teuer. Krieg ist immer teuer.

Um das Schlechte in der Welt zu bekämpfen.
Einen Diktator zum Beispiel.
Und weil das alles plötzlich gefühlt nicht mehr weit weg
ist.
Da können wir nicht mehr nur zuschauen.
Müssen zumindest mehr und bessere Waffen liefern.
Dem Unterdrückten, dem Schwächeren,
damit er sich wehren kann.
Oder etwa nicht?

Ich bin alt geworden.
Erinnere mich an damals.

Ich erinnere mich an Oleg und Lisa.
Da drüben in der Siedlung.
Und an uns Kinder in den hässlichen Hochhäusern gegen-
über.
Hier, wo wir wohnten: Anton und ich.
Zwei Berliner Jungs.
Freunde. Und mehr als das.
Anton. Meine erste Liebe.

Und meine Eltern:
Kinder noch, als der Krieg
von Hitler-Deutschland vom Zaun gebrochen wurde.
Noch keine achtzehn,
als er zu Ende war.
Und alles kaputt um sie herum.

Wie kann es jemals aufhören?
Nicht noch mehr Generationen.
Nicht noch mehr Schreien und Schweigen.
Wie nur?

So lange her. Und doch nicht.

Die Welt heute?
Mehr Kriege als je zuvor.
Nun auch erstmals wieder in Europa.
Mehr Flüchtlinge als je zuvor.
Mehr klimabedingte Umweltkatastrophen als je zuvor.
Neue globale Krankheiten,
die Millionen treffen,
die Ärmsten wie immer am schlimmsten.
Alle zehn Sekunden stirbt ein Kind weltweit an Hunger,
auch ohne Corona.
Jetzt.
1, 2, 3, 4, 5, 6, 7, 8, 9, 10.
Jetzt ...

Aber es gibt auch mehr und mehr
Menschen aller Hautfarben,
die weltweit für einen gerechten Frieden aufstehen
und gegen rassistische Gewalt protestieren.
Für die Rechte von Mädchen und Frauen,
die Rechte sexueller Minderheiten,
die Rechte von Menschen
mit körperlichen und geistigen Behinderungen,
für alle Menschen,
die wegen irgendeines Andersseins,
wegen ihres Glaubens oder Nichtglaubens,
noch immer ausgegrenzt werden.

Nicht zu vergessen all die Mädchen und Jungen,
die sich engagieren,
damit es eine sorgsame Zukunft
für alle Pflanzen und Tiere geben kann.
Und damit auch für die Menschen.

Mal nicht an erster Stelle:
die Menschen.
Ob das gehen kann?
Mehr Bescheidenheit.
Achten auf das Gefährdete,
das Zerbrechliche.
Nicht mehr die Eroberung der Welt,
nicht mal die Rettung der Welt.
Zu viel Anmaßung,
zu wenig Hinhören und Hinschauen.

Vielleicht wirklich zuerst nur Achtung
für das Andere,
das Seltene, das Fremde.
Und Schutz für das Gefährdete.
Freude am Zerbrechlichen.
Pusteblume als Prinzip.
Keine Angst
vor einem natürlichen Tod
am Ende eines Lebens.
Blumen pusten bis zuletzt.

Noch mal Oleg, viel später

Oleg
sehe ich viele Jahre später
noch einmal bei einem Besuch in Berlin.
Rein zufällig,
in der Nähe vom Bahnhof Zoo.

Unsere Kindheit ist lange vorbei.

Da hockt er neben einer Mülltonne.
Zuerst erkenne ich ihn nicht.
Er ist fast kahl.
Seine Hand, mit der er eine Bierbüchse hält,
ist geschwollen und bläulich verfärbt.

Ohne Zögern
gehe ich auf ihn zu:
»Oleg – erkennst du mich noch?«
Sein Blick ist starr.
Aber ohne Zweifel,
es sind seine blauen Augen.
Hält nur wie einer Pflicht folgend
die andere Hand auf,
die ohne Bierbüchse.
Ich nehme sie an,
streiche vorsichtig über seine gerissene Haut.

In seinem Herzen ist Oleg
ein feiner Mensch,

damals wie heute.
Einer,
zudem die meisten von uns Kindern
früher aufschauten.

Ich nicke ihm zu.
Sage leise: »Ja, Oleg.
Du wirst immer mein Freund sein.«
Ich verstehe die Lüge seiner Existenz.
Die Wahrheit ist,
dass er schon immer ein feiner Mensch war.

Nein,
er erkennt mich nicht.
Aber meine Berührung scheint ihm gutzutun.
Mehr als die erhoffte Münze.
Das warme Essen,
das ich ihm wenig später
aus einem nahen Restaurant bringe,
irritiert ihn eher.
Er öffnet die Warmhaltebox vorsichtig,
schiebt sie dann in die Tüte zurück
und erhebt sich mühsam.
Es scheint einen Ort zu geben,
wo er sich sicherer fühlt.
Hoffentlich.[1]

---

[1] Diese Erzählung ist ein Auszug aus dem autobiografischen Roman »Mau Mau«
(Arbeitstitel), der 2025 im Berliner Querverlag erscheinen soll.

Woher kommt das Wort »Mau Mau« wirklich?

Mau-Mau-Siedlungen

wurden in der Bundesrepublik Deutschland ab Anfang 1950 bis in die 1970er-Jahre hinein Elendssiedlungen genannt, die am Rand kriegszerstörter Städte häufig aus Trümmersteinen oder als Baracken errichtet worden waren. Der Begriff *Mau-Mau-Siedlung* wurde damals im Rheinland, dem Ruhrgebiet, dem Bergischen Land, aber auch in Städten wie München, Köln, Essen, Hamburg und West-Berlin verwendet.

Bewohnt wurden diese Siedlungen meist von kinderreichen Flüchtlingsfamilien aus Osteuropa, aber auch von verarmten und sozial entwurzelten Menschen aus dem Arbeitermilieu.

Von Nachbarn wurden sie oft abwertend bezeichnet, unter direkter (oder indirekter) Bezugnahme auf die *Mau-Mau-Aufstände* gegen die englische Kolonialmacht in Kenia, über die damals nur bruchstückhaft (und einseitig rassistisch) in den Nachrichten berichtet wurde.

Mau-Mau-Aufstände

waren eine militante afrikanische Befreiungsbewegung im Kenia der 1950er-Jahre, vor allem getragen vom Volk der Kikuyu. Bis 1956 hatte die britische Kolonialmacht mehr als 11.000 Rebellen getötet, wobei die eigenen Verluste auf genau 32 Soldaten beziffert wurden. Mehr als 80.000 Kikuyu kamen in Straflager, darunter auch der spätere erste demokratisch gewählte Präsident Kenias Jomo Kenyatta (ca. 1894–1978). Kenia wurde 1963 unabhängig.

Die Bedeutung des Begriffes *Mau Mau* ist umstritten: Öffentlich wurde er von den Engländern abfällig benutzt, auch um den offiziellen Namen des Volkes der Kikuyu zu ignorieren. Der bis vor Kurzem eher unbekannte Ursprung kann aber auch auf eine Abkürzung der damals geheimen Parole der Kikuyu zurückgehen, die lautete:

Mzungu Arundi Ulaya – Mzwafirika Apate Uhuru.
Weißer verschwinde – Afrikaner werde frei.[2]

---

[2] Mehr zur Geschichte Afrikas aus der Sicht von Afrikanerinnen und Afrikanern auch in: van Dijk, Lutz: Afrika – Geschichte eines bunten Kontinents. Neu erzählt mit afrikanischen Stimmen, Vorwort von Friedensnobelpreisträger Erzbischof Desmond M. Tutu, Wuppertal 2016.

Ron Segal

Totenklage

Aus dem Hebräischen von Gundula Schiffer

Scholem Friedman wurde in die Geschichte, in eure Geschichte hineingeboren, in jene flüchtige Bresche zwischen den zwei Weltkriegen. Folglich kann man sagen, dass
Scholem in friedlichen Zeiten geboren wurde. Doch jeder,
der ihn kannte, wusste zu erzählen, dass Scholem kein
Freund des Friedens war. Er war ein Rebell. Und das nicht
von Mutterleib und Geburt an, sondern seit seinem dritten Lebensjahr. Wie können Sie das wissen, werden Sie bestimmt fragen, als Scholem in Berlin seinen dritten Geburtstag feierte, sind Sie doch gerade erst in Al-Qastal in
Palästina geboren worden. Nun, ich weiß es, weil Scholem
es mir selbst erzählt hat, und ich wiederhole seine Geschichte hier genau so, wie ich mich nach all den Jahren an
fast jedes einzelne Wort von ihm erinnere, abgesehen von
jenen Worten, die die Zeit für sich behält:

»Als ich drei Jahre alt war, fühlte ich mich eines Tages
im Kindergarten plötzlich schlecht. Irgendetwas rumorte
in meinem Innern, in meinen Eingeweiden, doch weil dies
das erste Mal war, dass ich Bauchweh hatte, wusste ich die-

sen Schmerz nicht zu benennen, also schwieg ich; ich sagte der Erzieherin kein Wort. Ich schaute mich bloß um: Ah, sieh nur, Anton, Thomas, Fritz und Bettina, denen geht es bestimmt allen besser als mir. Ginge es mir doch nur wie ihnen … und während ich mir noch vorstellte, ich steckte in ihrer Haut, nässte ein warmer Strom meine Unterhose und lief mir, was in den kurzen Sommerhosen alle sehen konnten und noch dazu beißend stank, die Beine hinunter. Ich rannte auf die Toilette, die sich am Ende eines langen, engen Korridors befand, während das Rinnsal floss und floss, immer stärker wurde, den Pfad meiner Scham bezeichnete. Als ich endlich die Toilette erreichte, schaffte ich es kaum, die Hose und Unterhose herunterzulassen, die zu einem triefenden, stinkenden Sumpf geworden waren. Ich weinte, wie ich noch nie zuvor geweint hatte; es war das Weinen eines Kindes, das zum ersten Mal Scham verspürt.

Es vergingen einige Minuten, da hörte ich, wie es an der Tür klopfte und eine der Erzieherinnen, sie hieß Dorothea, meinen Namen rief. Obwohl ich mich schämte, überwand ich mich und öffnete die Toilettentür. Dorothea rümpfte gleich die Nase, die mir stets wie der Schnabel eines Raubvogels erschien, und sah mich mit strenger Miene an. ›Du hast den ganzen Kindergarten verdreckt‹, herrschte sie mich an. Ich reagierte nicht, senkte bloß die Augen. Ich hatte von dieser Frau keine tröstende Empathie erwartet; doch wie sie mir jetzt begegnete, empfand ich als ausgemachte Bosheit. Ich sage ausgemachte Bosheit nicht nur wegen der Bemerkung, bei dem sich das Herz eines dreijährigen Kindes zusammenkrampfen musste, sondern hauptsächlich wegen der Strafe, die mir diese Dorothea auferlegte. Sie stellte mir einen Blecheimer, halb voll mit Wasser, in dem ein zerschlissener Lappen schwamm, vor die besudelten Beine und schrie: ›Wer Dreck macht, muss auch sauber machen!‹

Auf schwachen Knien – schließlich wütete ein Virus in meinem Bauch – kroch ich den ganzen Weg vom Spielzimmer den langen Korridor entlang, der sich auf Knien unendlich ausnahm, bis zu dem kleinen, verdreckten Toilettenraum. Ich wischte und wrang, wrang und wischte, versuchte mit grünlichem Wasser den elfenbeinernen Boden zu polieren – vergebens.

Als ich am selben Tag, bleich wie ein Gespenst, nach Hause kam, erzählte ich meiner Mutter, was vorgefallen war. Zwar erst zarte drei Jahre alt, fühlte ich doch in meinem kleinen Herzen, dass das Geschehene nicht rechtens war. Meine Mutter lauschte der Geschichte mit starrem Gesicht, dann nahm sie mich bei der Hand und zog mich – nicht in ihren Schoß, sondern den ganzen Weg zurück zum Kindergarten, der Bürgersteig erbebte unter ihren Schritten, und die Menschenmenge teilte sich nach rechts und links wie einst das Schilfmeer vor Mosche.

Als wir im Kindergarten ankamen, stellte sich meine Mutter vor Dorothea hin und schleuderte ihr harsche Worte entgegen. Was genau gesagt wurde, daran erinnere ich mich nicht, die meisten Worte kannte ich gar nicht, Dorothea aber ließ den Schnabel sinken, und ich meinte sogar, dass ihre Lippen leicht erzitterten. Schließlich kniete sie sich vor mich hin – was sie den ganzen Tag nicht einmal getan hatte – und bat mich um Verzeihung. Ich verzieh ihr, aber das gab mir nicht meine verlorene Ehre zurück, stattdessen gebar mein kranker Bauch einen Rebellen.«

Es war dies Scholems zweite Geburt; der Auszug aus der Kindheit in die Welt der Erwachsenen. Als wäre die Unschuld selbst an jenem Tag auf dem Fußboden des Kindergartens aus ihm herausgetröpfelt und wie sehr er es auch versuchte, es gelang ihm nicht, sie aufzuwischen.

Jahre später, als die Nazis an die Macht kamen, verabschiedeten sie als eines der ersten Gesetze das Verbot für Juden, Schwimmbäder zu betreten. Allein der gnädige und barmherzige Gott weiß, welch ein Schreckgesicht die Deutschen in planschenden Juden erblickten. Scholem hörte in einer Radiosendung von dem Verbot und entschied, dass diese Anweisung für ihn nicht galt. Und in seinem Hirn reifte bereits ein rebellischer Plan. Zwei Eigenschaften standen ihm dabei zu Diensten: zum einen das nichtjüdische, um nicht zu sagen, ziemlich arische Aussehen Scholem Friedmans sowie sein schnelles Fahrrad. Sein Bruder hatte ihm das Fahrradfahren beigebracht, nicht ohne für die Unterrichtsstunden auch ein Honorar zu verlangen. Und der kleine Scholem bezahlte seinen Bruder und hegte deswegen viele Jahre einen tiefen Groll gegen diesen, bis ihn schließlich, zwei Jahre nachdem er selbst ins gelobte Erez Israel eingewandert war, die Nachricht erreichte, dass sein großer Bruder, dieser Geizhals und Ausbeuter, unter den Ermordeten war, und im selben Moment verzieh er ihm alles.

So schwang sich der deutsch aussehende Scholem in den Sattel und fuhr zu dem entlegenen Schwimmbad in einem anderen Teil der Stadt, wo niemand ihn kannte. Er schlüpfte in die Badehose, warf sich ein Handtuch über die Schulter und hechtete wie der geborene Schwimmer ins Wasser.

Jahre danach trafen wir uns lange Zeit regelmäßig am Meer in Jaffa. Scholem ließ, sommers wie winters, keinen der dreihundertfünfundsechzig Tage vergehen, ohne wie bei einem religiösen Ritual im Wasser unterzutauchen. So als wollte er wieder und wieder gegen dieses Verbot rebellieren – oder vielleicht auch sich selbst von dem Gestank reinwaschen.

Und das war nicht die erste, gewiss nicht die letzte und auch nicht die einzige Rebellion, von der hier heute auf der Beerdigung, zu der wir uns versammelt haben, die Rede sein soll. Ich möchte, so Sie erlauben, außerdem erzählen, wie Scholem und ich uns auf dem Höhepunkt seines Rebellentums begegneten: Als er in dem eben erst ausgerufenen Staat Soldat in der Etzioni-Brigade war; ein Kind, das noch keine Frau geliebt hatte, zog jetzt in Uniform und Schutzweste in den Kampf um die Heimat, in der es nicht geboren war.

Der Kampf um das Castel wurde zu einem unserer großen Verluste in diesem Krieg, und als kaum noch Männer im Dorf übrig waren, die kämpfen konnten, wurden die Jungen eingezogen. So hielt ich selbst mit fünfzehn Jahren plötzlich einen alten, von den Juden gestohlenen Karabiner in der Hand, dazu zwei Magazine (eines nach einer ersten, hastigen Schießübung halb leer; keine einzige von den Kugeln hatte ihr Ziel getroffen). Und dennoch drückte ich in der Stunde der Wahrheit auf den Auslöser und feuerte eine Kugel ab, die tief in die Schulter des Soldaten eindrang, der mich angriffen hatte. Er flog nach hinten und fiel auf die Seite, während ich mich fühlte, als hätte ich mit nur einer einzigen Kugel den ganzen Krieg gewonnen. Dann beugte der Soldat sich nach vorne, kam auf die Beine und zielte mit seiner Waffe auf mich, und ich, der keine Kugeln mehr hatte, hob die Hände hoch und betete.

Er brachte mich in einen Raum ohne Fenster in einem Gebäude, das noch verlassener war, als es zunächst aussah, ja so wirkte, als ob nie ein Mensch darin gewohnt hätte, und schlug die Tür vor mir zu. Nach einigen Minuten kam er zurück, begleitet von einem Soldaten, offenbar mit einem höheren Dienstgrad, vielleicht ein Offizier, der mich unwillig inspizierte, so als hätte er einen grausameren Feind erwartet und wäre enttäuscht von dem Kind, das ich war. Schließlich neigte er sich zu dem Soldaten, der niemand anders als unser Scholem war, flüsterte ihm etwas ins Ohr, wobei er die letzten Worte mit lauter Stimme artikulierte und mich dabei direkt ansah: »Wie es dir beliebt.«

Dieser Satz, in einem Hebräisch, das man heutzutage kaum noch hört, besiegelte eine furchtbare Erlaubnis, die selbst unausgesprochen blieb: die Erlaubnis, die Beziehung zwischen Mächtigem und Unterlegenen mit einem Schuss zu beschließen.

Der Offizier verließ uns, und ich blieb allein mit Scholem zurück, der fortwährend mit dem linken, gesunden Arm seine Waffe auf mich gerichtet hielt, während der rechte verletzte Arm blutend an der Seite herunterhing. Er sah mich mit giftspritzenden Augen an und bedeutete mir schroff, in die Knie zu gehen. Bei seiner Anweisung zitterten mir die Knie und ich fiel lang hingestreckt auf die Erde. Ich versuchte mich mithilfe, der Ellbogen, die mir nicht gehorchten, aufzurichten. Ich hörte, wie er die Waffe spannte (wie konnte er seine Waffe mit nur einer Hand spannen?), und fühlte, wie sich mir die Gedärme umdrehten und jäh aus meinem Körper flossen wie Wasser aus einem Schwimmbad ohne Boden. In meinen Exkrementen kniend, harrte ich darauf zu sterben, und dies bitte möglichst schnell.

Doch Scholem schoss nicht. Er ließ die Waffe sinken, verließ das Zimmer und zog die offene Tür hinter sich zu. In meinem halluzinierenden Bewusstsein meinte ich zu hören, wie er keuchend seine Waffe entlud. Nach einigen Minuten, von denen sich jede wie eine kleine Ewigkeit anfühlte, öffnete sich die Tür, und Scholem, von der Hüfte abwärts nackt wie am Tage seiner Geburt, betrat das Zimmer. In der Linken hielt er jetzt keine Waffe mehr, sondern Hose und Unterhose. »Zieh das an«, befahl er mir. Mit wiedergewonnener Kraft streifte ich meine triefende Hose und Unterhose ab und machte mich mit den trocken gebliebenen Stoffstreifen sauber. Ich schlüpfte in die Unterhose und Armeehose und stellte mich vor ihn hin. So standen wir im Zimmer: Er im Hemd und ich in der Hose; zwei Hälften Mann, die sich zu einem einzigen Menschen verbanden.

Mit den Jahren, die vergingen, sann ich über diese Verbindung nach, die damals zwischen uns geknüpft wurde: eine Verbindung aus Kot, die dicker ist als Blut. Scholem war drei Jahre älter als ich, wie mein Bruder. Ich kam tatsächlich in demselben Jahr zur Welt, in dem sich jener Vorfall im Kindergarten ereignete, die ihn zu dem gemacht hatte, was er war: zu einem künftigen Rebellen und meinem Lebensretter. Und wie er hatte ja auch ich einen Bruder im Krieg verloren.

Unsere Freundschaft war nicht einfach. Außer ihm hatte ich keine jüdischen Freunde, bloß ein paar unfreiwillige Bekannte hier und da. Doch jedes Mal, wenn meine Verwandten über den »zionistischen Besatzer« redeten, stieg Scholems Gestalt, nackt und entblößt, vor meinen Augen auf.

Später zog er nach Jaffa. Vielleicht suchte er die reinigende Nähe zum Meer. Ich wohnte bereits dort, nachdem meine Familie aus Al-Qastal geflüchtet war, das in »Castel« umbenannt worden war, nachdem die Juden das Dorf eingenommen hatten. Beide waren wir jetzt Bürger des jüdischen Staates, obgleich nur einer von uns dieser Definition entsprach. Scholem begann in der Zeitung *Diese Welt* eine Lehre als Schriftsetzer, ein Beruf, für den man zwei rechte Hände braucht, während Scholem ja bloß eine funktionsfähige linke Hand besaß, aber der Trieb zum Rebellentum ließ seine fünf Finger doppelt so flink fliegen, sodass er bald zum leitenden Schriftsetzer, dann zum Reporter und schließlich zum Herausgeber der Zeitung aufstieg.

Es ist zu bezweifeln, ob er diesen Beruf gewählt hätte, wäre nicht jene Wunde gewesen, und es ist zu bezweifeln, ob ich mich derart eifrig abgemüht hätte, Hebräisch zu lernen, wie ich es tat, hätte ich nicht mit ganzer Kraft jedes seiner Worte in mich aufsaugen wollen. Jedes Mal, wenn er die Gelegenheit hatte, einen Artikel zu schreiben, in dem der Name des Dorfes erwähnt wurde, in dem ich geboren und aufgewachsen und aus dem ich halb nackt geflohen war, schrieb Scholem »Al-Qastal«, was der Redakteur gleich wieder in »Castel« änderte. Schlussendlich, als er selbst zum Herausgeber wurde, gab er dem Dorf, schwarz auf weiß, seine Ehre zurück.

Wir haben uns heute hier versammelt, um von Scholem Abschied zu nehmen, und vielleicht habe ich mit diesen Geschichten zu weit ausgeholt, dafür bitte ich Sie um Verzeihung. Kurz bevor ihr euren geliebten Menschen in den Schoß der Erde legt und bevor auch ich ihm bald dorthin folgen werde, möchte ich ihn um Vergebung bitten für die Kugel, die in seine Schulter eindrang und seinen Arm von da an für immer lähmte, und ihm danken für die Kugel, die er nicht im Gegenzug auf mich abgeschossen hat. Dafür, dass er im Moment der Wahrheit gegen sein Rebellentum rebellierte.

So nehmen wir also heute Abschied von einem Menschen, der wusste, dass Frieden nicht bedeutet, ohne Krieg oder in wundervoller Freundschaft zu leben, sondern schlicht das Recht zu haben auf ein Leben ohne Beschämung.

Möge er in Frieden ruhen.

Gerhard Trabert

Krieg und sogenannte »Kollateralschäden« – eine menschen- verachtende Verharmlosung von Sterben und Töten

Beim Nachdenken, wie ich meinen Beitrag zu diesem Buch gestalten sollte, wurde mir bewusst, wie oft ich in meinem Leben schon in Kriegsregionen als Arzt tätig war. Was das Erlebte mit mir machte und was vor allem die Gespräche mit den betroffenen Menschen, die dem Krieg permanent ausgesetzt waren oder sind, in mir ausgelöst haben. Deshalb möchte ich in meinem Beitrag zu diesem Buch meine Erfahrungen und die Berichte der Menschen, die mir begegnet sind, wiedergeben und ins Zentrum stellen.

Der Krieg ist wieder näher an uns alle in Westeuropa her- angerückt. Eine Auseinandersetzung mit Krieg, mit den Ursachen, die dazu führen, bedeutet für mich, aus der Ver- gangenheit zu lernen und die Gegenwart kritisch zu hinterfragen. Es bedeutet für mich aber auch, in der Ge- genwart konkret zu handeln, um die Zukunft gewaltfreier und friedlicher zu gestalten.

All mein Handeln, mein Engagement, meine Haltung sind stark geprägt von meiner eigenen und der gesellschaftlichen Auseinandersetzung mit den Verbrechen des Nationalsozialismus.

Als ich rund 10 Jahre nach Ende des Zweiten Weltkrieges geboren wurde, waren die Kriegsereignisse bei den Zeitzeugen in meinem Umfeld noch sehr präsent. Die Berichte meines Vaters, der als 17-Jähriger als Funker zur Marine musste, haben mich für die Not, das Leid und das Sterben, die jeden Krieg ausmachen, sensibilisiert. Zudem berichtete mein Vater von seinem Onkel, meinem Großonkel Ferdinand, der Kriegsgegner und Antifaschist war. Er kritisierte öffentlich Hitler, war im Konzentrationslager Osthofen inhaftiert, musste dann als Bestrafung an der Ostfront kämpfen und überlebte den Krieg leider nicht. Als junger Mann haben mich diese Schilderungen sehr geprägt. Besonders auch das Wissen, welches Unrecht Deutsche begangen haben – und ich welchem Umfang: in der Unterstützung des nationalsozialistischen Regimes, in Form von Gräueltaten in den zahlreichen Konzentrationslagern, aber auch in den deutschen und besetzten ausländischen Städten sowie auf den Kriegsschauplätzen. Diese Auseinandersetzung mit der so kurz zurückliegenden Vergangenheit, mit dieser Form einer kollektiven Schuld der Elterngeneration, prägt mich noch heute.

Geprägt in dem Sinne, etwas gegen Ungerechtigkeit, gegen Privilegien, gegen Unterdrückung, gegen Nationalismus und Faschismus zu tun. Und in diesem Kontext war immer mein Leitgedanke, Handeln ist entscheidend, nicht

nur darüber reden. Es geht dabei nicht nur um die Über-
lebenden, die Geretteten, es geht ganz besonders um die
Verlorenen, um die nicht Geretteten, um die weiterhin
ausgegrenzten Menschen!!

Ohne sich selbst in Schuldorgien zu zerstören, muss der
Blick ständig auf das gerichtet sein, was noch zu tun ist,
um soziale Ungerechtigkeit, um Rassismus und Nationalismus, um das Leid und die Not von Menschen zu bekämpfen! Ich bin meinem Vater sehr dankbar für die au-
thentische Vermittlung dieser Einstellung als
Kriegsteilnehmer und Kriegsgegner! Und ich bin meinem
Großonkel, den ich nie kennenlernen durfte, für seine an-
tifaschistische, antinationalsozialistische und antirassisti-
sche Einstellung und Haltung sehr dankbar!!

Die **Analyse von Kriegen aus Gegenwart und Vergangenheit zeigt eindrucksvoll, wie es immer wieder die gleichen Ursachen sind, die Millionen Menschen in den Tod
schicken: Machtgehabe, persönliche Eitelkeiten von Re-
gierungsoberhäuptern und staatlicher Führungselite sowie Wirtschaftsinteressen.** Die Leidenden sind immer die,
die keinen politischen Einfluss haben, die als Soldaten
missbraucht und oft fehlinformiert werden, sowie die Zivilbevölkerung, Frauen und Kinder.

Wir alle besitzen das Privileg, in einem wohlhabenden
Land leben zu dürfen. In Sicherheit, ohne Krieg, ohne
Hungersnot und häufig, wenn auch die Armut bei uns zu-
nimmt, in materiellem Wohlstand

Die Angst vor dem modernen Krieg
oder wenn Krieg nicht mehr abstrakt ist

Im Jahre 2019 spürte ich für einige Tage, was es bedeutet, Angst vor einem »modernen« Krieg zu haben. Die moderne Kriegsführung fängt mehr denn je mit einer medialen Attacke an. Deshalb ist einer der ersten Schritte zu einem Kriegsszenario die Manipulation und Instrumentalisierung der Medien; unabhängige Medien zu verbieten. Da droht Recep Tayyip Erdoğan, ein Despot, ein brutaler Autokrat, in einer selbstherrlichen blumigen Sprache die Vernichtung von Kindern, schwangeren Frauen, Müttern, Vätern, von Menschen an. Natürlich sagt er dies nicht direkt, sondern er verfährt in der stufenweise rassistischen Strategie: Die angeblichen Gegner werden mit falschen, verallgemeinernden Fakten und Daten diskriminiert, stigmatisiert und letztendlich entmenschlicht. In Rojava, in Nordsyrien, leben »nur« Kurden, was eindeutig falsch ist, Kurden seien generell Terroristen, was eindeutig falsch ist, und Kurden bedrohen die Türkei, was eindeutig falsch ist. Die Entmenschlichung dient dann, wie wir Deutsche schon im Nationalismus erfahren haben, dazu, das Töten bestimmter Personengruppen zu rechtfertigen, wie damals die Tötung von Menschen jüdischen Glaubens oder Menschen mit Behinderung oder einer psychischen Krankheit.

Parallel zu diesem Kriegsvorbereitungsmechanismus wird die eigene militärische Potenz, in Furcht einflößenden Bildern präsentiert. Ständig werden die eigenen hochtechnologisch ausgestatteten Waffen vorgeführt: Panzer, Artilleriemonster, fliegende Bomber, überall und jeden

Winkel beobachtende Drohnen usw. Das Ziel dieser Kriegsrhetorik ist der angebliche Feind.

Ich war für einige Tage im Herbst 2019 in Nordsyrien selbst diesem Terror ausgesetzt. Ich hörte in jeder Nachrichtensendung auf allen Fernseh- und Radiokanälen diese Vernichtungssprache, sah ständig diese Waffengewalt und wusste, wenn diese Kriegsmaschinerie anläuft, gibt es kein Entrinnen. **Die modernen Waffensysteme unterscheiden nicht zwischen Zivilist*innen und militärischen Kämpfern, zwischen Kindern und Erwachsenen. Das nennt dann die moderne Kriegsführung Kollateralschaden.**

Fliehen, ein Versteck, einen Schutzraum suchen geht auch nicht mehr bei der Zerstörungskraft dieser Waffen. Wir wagten nur dann, etwas aufzuatmen, wenn es regnete, wenn der Himmel stark bewölkt und es windig war. Dann wussten wir, dass Drohnen nicht gut eingesetzt werden können, dass Flugzeuge nicht Erfolg versprechend agieren können. Wie schnell sich das Leben in dieser Angst verändert. Keine Worte können wirklich beschreiben, wie es sich anfühlt, dieser Angst, diesem absoluten Kontrollverlust so hilflos ausgeliefert zu sein. Es gibt einfach keinen Schutz mehr und diese Angst nimmt immer mehr Raum im eigenen Denken und Fühlen ein. Am Ende steht entweder absolute Panik und Verzweiflung oder die Akzeptanz von Tod und Sterben oder der verzweifelte Versuch, dieser brutalen Vernichtungsgewalt mit Gewalt etwas entgegenzusetzen. So werden also gesellschaftliche Konflikte von Menschen im 21. Jahrhundert gelöst. Ich werde nie das Gefühl der Befreiung vergessen, das ich empfand, als ich zurück im Irak wieder in der Sicherheit angekommen war. Wohl wissend, dass ich all die Freunde und so viele Menschen zurückgelassen hatte, die in der nordsyrischen Rojava-Region weiterhin dieser Kriegsmaschinerie ausgesetzt sind und permanent mit der Ungewissheit leben müssen, dem Tod so nah zu sein.

Der Umgang mit der Angst bei Raketenalarm in der Ukraine

Als ich im Mai 2022 in Lviv (Lemberg) ankam, explodierten kurz vor der Ankunft unserer Delegation 5 Raketen in Randregionen dieser westukrainischen Stadt. Eine davon in unmittelbarer Nähe unserer Fahrtroute. Immer wieder ertönte der Raketenalarm. Ich stellte fest, dass ich überhaupt nicht wusste, handelt es sich um eine Sirenenwarnung oder eine Sirenenentwarnung. Ich lernte sehr schnell: Wellenförmiger Ton bedeutet Warnung, gleichbleibender kontinuierlicher Ton bedeutet Entwarnung. Und ich bemerkte bei mir, dass ich mich relativ schnell am Verhalten der anderen orientierte. Suchen sie einen Schutzraum auf oder nicht? Falls nicht, verblieb auch ich im Restaurant oder Zimmer. Der Mensch, ein Anpassungsweltmeister?!

Besuch des Massengrabes von getöteten Zivilisten in Butscha

Hinter einer imposanten christlich-orthodoxen Kirche befindet sich ein Massengrab von 104 getöteten Zivilist*innen. Darunter 37 Frauen und 2 Kinder. Man grub die Verstorbenen aus, versuchte deren Identität herauszufinden und begrub sie dort wieder, gemeinsam mit all den getöteten Zivilist*innen, die man auf den Straßen in Butscha fand.

Der Priester des Ortes schilderte uns die damaligen Geschehnisse und die Erfahrungen bei der Ausgrabung der Leichen. Er beschrieb es ausführlich und engagiert, zugleich spürte man seine tiefe Betroffenheit und Trauer. Immer wieder sah man die Anstrengung des Priesters, seine Tränen zurückzuhalten. Im Inneren der Kirche sind die Bilder ausgestellt, die wir fast alle bei der Berichterstattung in den deutschen Medien gesehen hatten. Diese Fotos, diese Schicksale von Menschen hier dokumentiert zu sehen und zu wissen, dass ich an dem konkreten Ort dieses barbarischen Geschehens mich befinde, machte mich emotional so betroffen, dass es nur schwer zu ertragen war. Ich fotografiere diese Fotos der Unmenschlichkeit, da der Priester uns vermittelte, ja, wir sollen bitte Fotos machen, dass diese als Zeugen des Geschehenen in die Welt hinausgetragen werden. Ich fühlte mich zwiegespalten, dies zu tun, aber ich überwand mich, und werde sie verantwortungsbewusst anderen Menschen zeigen und vermitteln.

Der Priester, der diesen Gedenkort betreut und über die unmenschliche Barbarei informiert, der mir Fotos von der

Plünderung in seinem Haus in Butscha zeigte, erzählte uns auch, dass in diesem Massengrab auch zehn russische Soldaten würdevoll beerdigt seien. Und er beeindruckte mich mit seiner Begründung, mit seiner absolut spürbaren authentischen Überzeugung, dass auch dem Feind dieser Respekt gebührt und es niemals um Rache und Vergeltung gehen dürfe. Ist diese persönliche Haltung die Grundlage für die Überwindung von Hass und Krieg, die Basis für einen neuen Frieden?!

Wir müssen in unserer Heimat sowie überall auf dieser Erde darauf achten, dass es keine Anfeindung von Menschen aus Russland gibt! Nicht das russische Volk führt diesen Krieg, sondern Putin und die ihn unterstützenden Machtpolitiker. Auch führt nicht das türkische Volk einen Krieg gegen die Kurden, sondern Erdoğan und die ihn unterstützenden Militärs und Politiker. Es sind die Despoten, die Demokratiefeinde wie Putin und Erdoğan, die Kriege führen! Es darf nie zu einer Ausgrenzung und Anfeindung von Menschen kommen. Doch leider geschieht das immer wieder, gerade auch in Deutschland, gegenüber Mitbürger*innen, die die russische Staatsbürgerschaft oder russische »Wurzeln« haben! Hier muss differenziert und reflektiert gehandelt werden.

Sogenannte »Kollateralschäden« der Kriegsführung in Syrien und in der Ukraine

Ein Unwort besonderer Art ist in Kriegsregionen die verharmlosende Bezeichnung: Kollateralschäden. Eine sprachlich und rhetorisch skandalöse Bezeichnung.

Besonders verwerflich und menschenverachtend ist die gezielte Zerstörung von Einrichtungen zur Gesundheitsversorgung und die Tötung des medizinischen Fachpersonals. Von Krankenhäusern, Ambulanzen, Rettungswagen, Pflegepersonal und Ärzt*innen. **Alles nur Kollateralschäden, sagt man uns!**

Seit Ausbruch des Bürgerkrieges in Syrien sind, nach Schätzungen internationaler Hilfsorganisationen, bis zu 300 000 Zivilist*innen gestorben, da eine normale Gesundheitsversorgung erkrankter Menschen nicht möglich war, weil zum Beispiel Medikamente und medizinisches Equipment fehlte. **Alles nur Kollateralschäden, sagt man uns!**

Die Früh- und Fehlgeburtenrate erhöht sich massiv in Kriegsregionen mit Androhung des Krieges und während der Kriegshandlungen aufgrund der großen Angst der werdenden Mütter und dem daraus resultierenden immensen Stress für Mutter und ungeborenes Kind. Kriege töten ungeborenes Leben schon vor dem ersten Schuss. **Alles nur Kollateralschäden, sagt man uns!**

Kinder, die in der Rojava-Region leben und dringend Bluttransfusionen benötigen, da sie unter einer genetischen Erkrankung leiden, die zu einer lebensbedrohlichen Blutarmut führt, der sogenannten Mittelmeeranämie, bekommen diese Hilfe unter Kriegsbedingungen nicht mehr und werden deshalb sterben. **Alles nur Kollateralschäden, sagt man uns!**

Menschen, die Erkrankungen der Niere haben und eine lebenswichtige Dialysebehandlung benötigen, bekommen diese nicht mehr und werden sterben. **Alles nur Kollateralschäden, sagt man uns!**

Sexualisierte Gewalt gegenüber Frauen mittels systematischen Vergewaltigungen ist ein oft tabuisiertes und bewusst eingesetztes Verbrechen durch Soldaten. **Alles nur Kollateralschäden, sagt man uns!**

Ich könnte diese Aufzählung umfassend fortsetzen. Und wer diese Kollateralschäden als Kriegsverbrechen entlarvt, wird von kriegsführenden Nationen als »Whistleblower« verfolgt und inhaftiert!!

Demokratien müssen von außen und im Inneren geschützt werden

Es wird in Deutschland sehr viel, fast ausschließlich über das Für und Wider von Waffenlieferungen in die Ukraine diskutiert. Ich bin kein Pazifist mehr. Ich war zu oft in Bürgerkriegs- und Kriegsregionen und redete mit Menschen, die von dem »Feind« attackiert und deren Angehörige und Freunde getötet wurden. Ich glaube, dass man die Zivilbevölkerung vor der Aggression durch Despoten und Diktatoren oft nur mittels einer militärischen Gegenwehr schützen kann. Die Diskussion in Deutschland ist mir allerdings zu militaristisch, zu schwarz-weiß gedacht. Ein Militärhaushalt von 100 Milliarden Euro im Grundgesetz zu implementieren ist der falsche Weg. Es darf nicht, was immer häufiger geschieht, zu einer Stigmatisierung von Waffenlieferungsgegnern kommen. Die Argumente beider Seiten müssen angehört werden. Es ist wichtig, die Sichtweise des Andersdenkenden zu ergründen, einfach den Blickwinkel einmal zu ändern und auch lebensgeschichtliche Ereignisse, die zu einer bestimmten Haltung geführt haben, zu erkennen und zu akzeptieren. Ziel müssen immer Verhandlungen, Diplomatie und der Frieden sein.

Es gibt nur geflüchtete Menschen, keine erste oder zweite Klasse von Geflüchteten

Die beeindruckende Solidarität und Hilfe für die Menschen in der Ukraine und für die aus der Ukraine Geflüchteten ist ein wundervolles Zeichen der deutschen Bevölkerung!

Gerade jetzt dürfen wir aber nicht die Menschen vergessen und benachteiligen, die aus anderen Kriegsregionen fliehen oder geflohen sind. Denken wir insbesondere an die Menschen aus Syrien, Irak, Afghanistan, die an der belarussisch-polnischen Grenze unter katastrophalen Bedingungen ausharren müssen und nicht in die EU dürfen. Unsere Solidarität und Fürsorge benötigen in gleicher Weise Menschen, die aus anderen Kriegsregionen geflohen sind. Hierbei müssen auch Kriegsregionen, die aus der öffentlichen Wahrnehmung verschwunden sind, mitbedacht werden, wie zum Beispiel die Tigray-Region im Norden Äthiopiens oder auch der Krieg im Jemen. Auch das weiterhin stattfindende stille Sterben im Mittelmeer muss

verhindert werden. Und die oft immer noch vorzufinden-
den katastrophalen Lebensbedingungen in europäischen
Flüchtlingslagern müssen angeprangert und nachhaltig
verbessert werden. Push-back-Aktionen, oft unter Beteili-
gung europäischer Nationen (z. B. Griechenland und Kroatien) und auch von der europäischen Grenzpolizei
FRONTEX durchgeführt, müssen abgestellt und straf-
rechtlich verfolgt werden. Hier versagt Europa.

Es ist wichtig, freiheitliche Demokratien von außen
zu schützen, vor militärischen Angriffen und Unterdrü-
ckungsmechanismen. Es ist aber auch wichtig, Demokratien von innen zu schützen, den sozialen Frieden im gesellschaftlichen Miteinander zu gewährleisten. Und dies
geht nur durch die Praktizierung von sozialer Gerechtigkeit, Armutsbekämpfung, Bildungsgerechtigkeit und damit auch Verteilungsgerechtigkeit. Soziale Gerechtigkeit
ist die Bewährungsprobe einer jeden freiheitlichen Demokratie. **Mahatma Gandhi** sagte einmal: »Armut ist die
schlimmste Form von Gewalt.«

**Unsere Demokratie muss also von außen und im Inne-
ren geschützt und beschützt werden. Der soziale Frieden
im Inland ist genauso bedeutsam wie der Frieden mit anderen Nationen!**

Die Menschenrechte und das Völkerrecht müssen bei
allen Menschen und bei allen Nationen Anwendung finden. Denn nur diese Maxime lässt uns letztendlich hoffen
und überleben.

Wiederum möchte ich diesbezüglich Mahatma Gandhi
zitieren: »Und wenn ich verzweifle, dann erinnere ich

mich, dass durch alle Zeiten in der Geschichte der Menschheit die Wahrheit und die Liebe immer gewonnen haben. Es gab Tyrannen und Mörder und eine Zeit lang schienen sie unbesiegbar, doch am Ende scheiterten sie immer. Denke daran – immer.«

Abschließend möchte ich das Antikriegsgedicht »Kriegswurzeln« von mir wiedergeben. Entstanden und verfasst nach persönlichen Begegnungen mit den Folgen von Krieg, besonders Bürgerkriegen in Angola, Liberia, Sri Lanka, Bosnien, Afghanistan, Libanon, Irak, Syrien und der Ukraine.

Kriegswurzeln

Eine Wurzel
der Macht des Krieges
ist der Glaube vieler Menschen,
dem Tod
von Freunden
einen Sinn zu geben,
ginge nur dadurch,
wieder zu töten.

Eine Wurzel
der Macht des Krieges
ist der Glaube vieler Menschen,
dass Intoleranz
eine Tugend ist.

Eine Wurzel
der Macht des Krieges
ist der Glaube vieler Menschen,
dass die Mächtigen wissen,
was sie tun.

Eine Wurzel
der Macht des Krieges
ist der Glaube vieler Menschen,
dass Leid, Not und Tod
nur die anderen trifft.

Eine Wurzel
der Macht des Krieges
ist der Glaube vieler Menschen,
dass Unterdrückung
Freiheit bringen kann.

Eine Wurzel
der Macht des Krieges
ist der Glaube vieler Menschen,
dass Hass
eine Kommunikationsform ist.

Eine Wurzel
der Macht des Krieges
ist der Glaube vieler Menschen,
dass das Reden
vom Frieden ausreicht
den Krieg zu verhindern.

Eine Wurzel
der Macht des Krieges
ist der Glaube vieler Menschen,
dass man nichts
gegen den Krieg tun kann.

Eine Wurzel
der Macht des Krieges
ist der Glaube vieler Menschen,
....
Und wo sind die Wurzeln
der Macht des Friedens?

Safiye Can

Menschenleben

Ein Menschenleben
nur ein Menschenleben
ein Menschenleben nur
noch ein Menschenleben
noch ein Menschenleben
und noch ein Menschenleben
noch ein Menschenleben
und noch ein Menschenleben
noch ein Menschenleben
und noch ein Menschenleben
noch ein Menschenleben
und noch ein Menschenleben
nur ein Menschenleben noch
nur noch ein Menschenleben
und noch ein aller-
letztes Menschenleben
nur eines noch
wirklich
dann wird alles
wieder gut.

Anja Tuckermann

Sag: Ich

Schreib! Du musst ich schreiben, ich bin du.

Umgekehrt: Du bist ich.

Schreib: Die Deutschen denken, wir sind vom Himmel gefallen.

Aber wir sind wie sie zwischen den Beinen einer Frau auf die Welt gekommen. Wir sind wie die Weißen aus dem Leib einer Mutter geboren. Vielleicht wissen sie das nicht. Vielleicht weißt du auch nicht, dass meine Mutter mich genauso liebt, wie deine dich liebt.

Sag: ich.

Vielleicht weiß ich das nicht, weil du eine andere Farbe hast als ich.

Sag: ich.

Vielleicht weiß ich das nicht, weil ich eine andere Farbe habe als ich.

Vielleicht denke ich, die mit anderer Hautfarbe lieben ihre Kinder weniger?

Ja, vielleicht wissen sie nicht, dass ich auf die Welt kam wie sie.

Oder was denken sie, wer wir sind? Fremde?

Denken sie, die Erde gehört ihnen?

Die Welt ist endlich, wissen sie das nicht?
Fürchten sie Gott nicht?

Schreib, schreib über mich, morgen komme ich auf die
Welt, morgen werde ich geboren.
Ich schreibe über dich, ich sage: Morgen werde ich geboren.
Wir sind die Friedensforscher, wir kommen durch Wüste
und Krieg, über Flüsse und Meere, über Grenzen, Zäune
und Berge und erforschen in Europa den Frieden.
Papiere? Ihre Papiere?
Wir sehen, dass sie ohne Papiere nicht leben.
Gar nicht existieren.

Wir sind die Friedensforscher, wir erforschen den Frieden
in Europa und finden:
Hier ist man ohne Geburtsurkunde nicht geboren,
ohne Sterbeurkunde nicht gestorben.
Anderswo auf der Erde aber kann man geboren werden,
aufwachsen, leben, heiraten, Kinder kriegen, arbeiten, tan-
zen, sterben ohne ein einziges Stück Papier. Das ist eine
Freiheit. Das ist auch ein Frieden.
Aber ohne Papiere kann man nicht reisen.
Wir sind doch gereist.
Ich bin gereist und habe mein Leben nicht verloren.

Was sagst du dazu?
Du sollst ich schreiben und damit mich und dich meinen.
Nimm meine Sätze. Sag: ich.
Ich nehme meine Sätze und schreibe:

Das Geld ist wie Wind.

Ich brauche den Frieden und dazu gehört die Freiheit namens Geld. Dazu gehört eine Erlaubnis zu arbeiten (auf Papier), um Geld zu verdienen, und ein Dach und ein gefüllter Kühlschrank. Dazu gehört Geld und drei Mal am Tag essen. Ich esse gern drei Mal am Tag. Überhaupt essen, Hunger kenne ich, ich könnte auch vier Mal am Tag essen.

Ich wurde in Deutschland nackt geboren, so wie auf allen Kontinenten der Erde die Kinder nackt geboren werden, von Eltern mit Papieren oder ohne Papiere. Und schon mit der Geburt wird hier ein großer Ordner für den Säugling geöffnet, um das Papier, das kommen wird, zu fassen: Beweis für die Geburt, Beweis seiner Eltern, und dann geht es darum, ob ich hier leben darf und mit welchen Papieren, mit welchem Papier?

Natürlich in Deutschland, in den Armen der Eltern, in einer Stadt, einer Straße, einem Haus, einem Zimmer. Das sagst du so allgemein, aber du sollst Ich sagen.

Für mich muss das Recht, hier zu existieren, erst einmal beantragt werden.

Ich werde in Kleidung verpackt und zu Ämtern getragen. Ob mit oder ohne Erlaubnis lebe ich nun, und zwar hier.

Bei den Behörden sind Informationen wie Gold. Man findet es nicht, man muss danach graben. Sie geben die Informationen nicht her.

Ich lerne.

Ich auch?

Ja, ich auch.

Ich, der Säugling, muss einen Asylantrag stellen.

Ich bin nicht über ein anderes Land nach Deutschland eingereist, sondern direkt hier mit dem Kopf zuerst angekommen und habe also in keinem sicheren Drittland Fingerabdrücke gegeben und einen Asylantrag gestellt. Darum ist nach den EU-Regeln Deutschland, das Land, in dem ich zuerst angekommen bin, für das Asylverfahren zuständig. Aber ich kann noch gar nicht sprechen, geschweige denn schreiben und Briefumschläge öffnen, ich kann noch nicht einmal greifen und mich auch nicht vom Rücken auf den Bauch rollen. Ich kann nur lachen und weinen, gucken, trinken, wachsen und lernen. Deutschland muss in mein Asylverfahren eintreten.

Da ich noch nicht spreche, kann auf eine persönliche Anhörung verzichtet oder es können persönliche Asylgründe für mich vorgetragen werden. Meine Eltern können auf den Asylantrag für mich verzichten, dann bekomme ich eine Duldung. Doch es ist eine schwierige Entscheidung für sie. Wenn mein Asylantrag als »offensichtlich unbegründet« beschieden (das heißt abgelehnt) werden sollte, bin ich in meinen Windeln sofort »vollziehbar ausreisepflichtig« und kann abgeschoben werden. Dann sitzen wir in der Scheiße und brauchen wieder einen Anwalt.

Es ist kompliziert.

Im Bauch meiner Mutter war ich zwar schutzbedürftig, aber nicht verfolgt. Aber ich kann nicht in den Bauch meiner Mutter zurückgeführt werden, wie sie ausweisen oder abschieben nennen, sollten sie nachts um drei mit vier Polizisten an meine Wiege kommen.

Meine Eltern haben keinen Heiratsvertrag mit Deutschland. Weil sie nicht die nötigen Papiere besitzen – keine Geburtsurkunde, keinen Reisepass. Ohne Papiere können sie in Deutschland zwar ein Kind auf die Welt bringen, aber dann müssen sie Papiere herstellen lassen, und dafür brauchen sie zuerst andere Papiere, um zu beweisen, dass sie ein Anrecht auf die neuen Papiere haben.

Ich erhalte den Nachnamen meiner Mutter, mein Vater muss erst die Vaterschaft anerkennen lassen.

Nur dann könnte ich die Staatsbürgerschaft meines Vaters bekommen. Sonst die meiner Mutter. Oder ich werde staatenlos. Welchem Staat ich angehöre, ist also eine andere komplizierte Frage.

Meine Eltern müssen mich gemeinsam zum Jugendamt tragen, beide Eltern müssen sich zeigen. Die Vaterschaftsanerkennung ist kostenlos. Benötigte Papiere meiner Mutter: Mutterpass, Ausweis, Geburtsurkunde. Meines Vaters: Ausweis und Geburtsurkunde – in beglaubigter Übersetzung. Er besitzt die geforderten Dokumente nicht, also ist eine Vaterschaftsanerkennung nicht möglich, weil er zwar mit mir auf dem Arm im Jugendamt steht und alle ihn sehen, aber in Wirklichkeit gar nicht existiert. Ohne Papiere keine Papiere, mich gibt es nur dank einer Geburtsurkunde ohne Vater.

Mit meiner Geburtsurkunde geht mein nicht anerkannter Vater mit mir und meiner Mutter zur Ausländerbehörde. Meine Mutter allein darf unterschreiben, auf Papier oder Papieren.
Durch gesetzliche Fiktion tritt der Asylantrag für mich ein.
Verstehst du das?
Sag: ich.
Ich verstehe das nicht. Ich glaube, es ist ein angenommener Fall.
Ich, ich bin ein angenommener Fall. Von mir.
Angenommen, damit meine ich nur vorgestellt, du bist ein Was-wäre-wenn.
Sag: ich.
Ich bin ein Fehler in der Grammatik.

Liegen Abschiebungshindernisse vor?
Ja, das Liegen. Ich kann nicht gehen, das ist ein Hindernis.

Was ist das hier für ein Gespräch mit dem Briefkasten, mit den ständig eintreffenden Briefen?
Was sollen wir mit all dem Papier?
Die Weißen können ohne Papier nicht leben, aber wir essen kein Papier.

Die Briefe fallen in den Kasten, und ich darf ohne aufenthaltsrechtliche Papiere keine Papiere bekommen und nicht Staatsbürger werden, sonst könnten meine Eltern ja Familiennachzug beantragen und Papiere bekommen. Obwohl sie ja schon im Land und bei mir sind und nicht nachziehen müssten. Denn sie waren zuerst da und ich bin nachgezogen.

Der Nachzügler bin ich, aber sie sollen meinetwegen keine Papiere bekommen können, und darum bekomme ich auch keine.

Sie kamen als Friedensforscher durch Wüste und Krieg, über Flüsse und Meere, über Grenzen, Zäune und Berge und erforschen in Europa den Frieden. Zum Frieden gehört, dass man für ein neugeborenes Kind einen Asylantrag stellen darf. Oder muss.

Friedensforscher erforschen den Krieg, doch der Krieg verbirgt sich vor den Friedensforschern.

In dem Land, aus dem meine Eltern kamen, demonstrieren bei Tageslicht junge Menschen gegen die Regierung, die nicht gewählt wurde, Soldaten stehen mit ihren Waffen dabei und schauen. Denn bei Tag verfolgen auf den Straßen der Hauptstadt die Blicke der Vereinten Nationen das Geschehen.

In der unbeleuchteten Nacht aber schießen Soldaten und Polizisten in die Höfe, auf Jugendliche und Passanten, die UN sehen im Dunkeln ja nichts.

Der Krieg ist in der Nacht frei. Jede Nacht Tote. Jeden Tag Friedensbeobachter.

Wir sind die echten Friedensforscher, wir haben uns auf

den Weg gemacht, um irgendwo auf der Welt, fern von unseren Geburtsorten Frieden zu finden.

Wir? Du.

Du sollst Ich sagen. Schreib: ich.

Ich, der Friedensforscher, vielleicht der Zehnmillionste, will den Frieden in Europa sehen.

Jetzt aber ist der Krieg nach Europa gekommen. Ja, die Europäer sollen auch mal schmecken, was Krieg heißt, sie sollen wissen, wie es ist.

Ich soll merken, wie Krieg schmeckt?

Nicht nur ich, du auch.

Sag: ich. Schreib und sag immer: ich.

Sie verkaufen Waffen nach Afrika und der Krieg hört nie auf. Sollen sie sich hier alle umbringen und die Welt wird untergehen mit den Weißen. Mir egal, wenn ich auch dabei sterbe.

Ich will leben.

Ja, du. Ich nicht.

Du musst auch Ich sagen. Sag: Ja, ich. Ich will leben.

Was nützt das Kriegserforschen den Friedensforschern?

Warum auch erforschen sie nicht den Frieden?

Warum trennen sie uns von ihren Leuten in diesem Land?

Ich bin eben geboren worden. Bevor ich noch satt bin, sausen schon die Fragen los.

Die Polizisten fragen.

Schreib:

Wo bist du eingereist, um wie viel Uhr, von welcher Straße, welchem Bahnhof, welche Strecke?

Ich weiß es nicht.

Die Polizisten fragen immer wieder das Gleiche.

Hast du einen Pass?

Nein, der ist beim Schiffbruch zwischen Marokko und Spanien ins Meer gefallen.

Weißt du nicht, dass es illegal ist, ohne Visum nach Deutschland einzureisen?

Wo soll ich ein Visum herbekommen? Ich suche Schutz, Asyl.

Wo bist du eingereist, um wie viel Uhr, von welcher Straße, welchem Bahnhof, welche Strecke?

Ich weiß nicht.

Weißt du nicht, dass du vorher ein Visum beantragen musst und nur dann nach Deutschland kommen darfst, wenn das Visum genehmigt und in deinen Pass gestempelt oder geklebt ist?

Ja, aber ich suche Schutz.

Hast du keinen Pass?

Nein, der ist beim Schiffbruch ins Meer gefallen. Wäre ich meinem Pass hinterhergesprungen, wäre ich jetzt tot.

Weißt du nicht, dass du wegen illegaler Einreise ins Gefängnis kommen und abgeschoben werden kannst?

Nein. Ich bin froh, dass ich lebe, und ich suche Schutz.

Weißt du nicht, dass du ein Visum brauchst?

In meinem Herzen habe ich gelacht über die Polizisten, die immer wieder das Gleiche fragten, und ich hatte nie eine andere Antwort, weil es keine andere gibt.

Wo bist du eingereist, um wie viel Uhr, von welcher Straße, welchem Bahnhof, welche Strecke?

Ich lache in meinem Herzen. Ich lache, wenn etwas lustig ist. Und ich lache, wenn ich weinen will. Ich lache aber nicht vor Polizisten.

Darfst du einfach so in Deutschland einreisen?

Ich lache in meinem Herzen, ich lache. Was sind Grenzen? Zäune auf der Erde, die euch nicht gehört? Aber ich sage nichts.

Weißt du nicht, dass du ein Visum brauchst?

Wenn ich eins hätte, wäre ich lieber mit dem Flugzeug nach Deutschland gekommen, als nackt aus dem Mittelmeer gefischt zu werden. Das sage ich nicht, ich lache in meinem Herzen. Ja, ich wäre einfach mit dem Flugzeug auf dem Flughafen Frankfurt gelandet in eurem Deutschland.

Bei Behörden kein Lachen, kein Weinen.

Bin ich aus meiner Mutter illegal in Deutschland eingereist? Bis jetzt habe ich noch keinen Fuß in dieses Land gesetzt, ich kann noch gar nicht stehen.

So wie ich hierhergekommen bin, das war nicht umsonst – es gibt kein Zurück. Wenn sie mich abschieben, komme ich wieder,

nach all dem Leiden,

nach dem Meer,

was denken sie?

Riskiere ich mein Leben, um einfach zurückzugehen? Nein.

Europa schickt die Friedensforscher auf unseren Kontinent, damit sie erforschen, wie sie uns dazu bringen, die

Grenzen zwischen unseren Ländern zu kontrollieren, dass wir für sie und wie sie unsere Länder absperren, uns einsperren, aussperren, wir bekommen Geld aus Europa fürs Zuschließen. Dafür schicken sie grenzpolizeiliche Verbindungsbeamte sowie Dokumenten- und Visumberater. Fürs Papier und die Zäune.

Ich, der zehnmillionste Friedensforscher, will den Frieden in Europa sehen. Ich will sehen, wie das hier geht. Ich will lernen und Geld verdienen und in Ruhe leben.
Ich bin nun hier, und die Ausländerbehörde ist nicht mein Vater und meine Mutter, warum also bestimmen sie über mich?
Warum zittere ich, wenn ich da reingehe, und bin jedes Mal total schwach, wenn ich da rauskomme? Ich kann gar nicht mehr gehen, ich bleib jetzt hier eine Weile sitzen.

Ich will diese Sprache lernen, damit ich ihnen widersprechen kann. Damit ich mich wehren kann. Damit ich fluchen kann. Und Witze machen. Aber ich will mit den Weißen nicht lachen. Sie zeigen ihre Zähne und dann beißen sie.
Ich zeige nichts.
Doch lachen: Ich lache mit dir.
Sag: ich.
Ich lache mit mir.

Es wird uns rätselhaftes Papier geschickt. Fiktion? Muss das auch in den neuen Ordner?

Staatsanwaltschaft, Postfach, 12345 X-Stadt
Herrn X.X.
X-Str.
X-Stadt

Ihr Zeichen, Ihre Nachricht vom
Akten-/Geschäftszeichen
123 abc 456789/22

Ermittlungsverfahren gegen Sie
wegen unerlaubter Einreise

Sehr geehrter Herr X.X.,
in dem oben genannten Verfahren habe ich mit
Verfügung vom 06.06.2022 folgende Entscheidung
getroffen:
Das Verfahren wird gemäß ss 153 Abs. 1 StPO
eingestellt.

Mit freundlichen Grüßen,
gez. X
Staatsanwältin

Eine fallen gelassene Klage. Dafür studieren und lernen welche acht Jahre, um fast eine Million Einstellungsbescheide zu versenden. Und wir bekommen Post, die wir nicht gebrauchen können.

Denn jeder Staat habe Grenzen und jeder Staat müsse sein Territorium schützen können, das gehöre zu den Kernbereichen staatlicher Aufgaben.

Ich sag's meiner Mutter.

Nach der Geburt fängt gleich Erziehung an. Kindern in Europa Grenzen setzen. Kinder begrenzen?

Grenzen?

Wenn sie mich hier nicht wollen, gibt es noch andere Länder in Europa.

In Europa wurden wir schwarz, und wir sollten verstehen lernen, was die Frage bedeutet: Können Sie sich ausweisen?

Mehr lernen:

Sei vorsichtig beim Straßeüberqueren. Wenn die Fahrer Schwarze sehen, drücken sie aufs Gaspedal. Pass gut auf.

Sag: ich.

Ich bin vorsichtig.

Gibt es denn nie eine Sicherheit?

Wenn Weiße nach Afrika reisen, werden sie behütet wie ein rohes Ei.

An meiner Kopfhaut entlang nehmen Finger die Haare auf
und flechten Zöpfe, ich spüre die Farbe der Finger nicht.
Warum bist du weiß?
Warum bist du schwarz?
Frag mal deine Mutter.
Du sollst Ich sagen.
Du auch.
Frag mal meine Mutter.
Sag immer: ich.
Das bedeutet du.

Wolfgang Böhmer

Und *plötzlich* ist wieder Krieg

Aber ist die Welt nicht immer im Krieg? Hat uns die Bestie in den letzten zwanzig Jahren in Europa nur einfach nicht heimgesucht? Oder hat uns das Leid jener vergessenen Konflikte, Kriege und Morde fernab in der Welt *draußen* einfach nicht berührt?

Immer wird irgendwo auf der Welt gekämpft.

Immer.

Aber man hört nicht hin. Oder man hört es überhaupt nicht. Denn es wird nicht mehr berichtet. Auch, weil es die Menschen nicht mehr hören können.

Der Krieg war lange Zeit weit weg. Zu weit, um unser Gehör zu finden, unsere Aufmerksamkeit zu wecken. Dabei ist immer Krieg.

Irgendwo.

28 Kriege und bewaffnete Konflikte gab es im Jahr 2022.[1] Von wie vielen hast du gehört? Wie viele haben dich betroffen gemacht, dich berührt?

Interessiert es uns noch, was weit weg passiert? Interes-

---

[1] Arbeitsgemeinschaft Kriegsursachenforschung Hamburg: Kriegsgeschehen 2021. URL: https://www.wiso.uni-hamburg.de/fachbereich-sowi/professuren/jakobeit/forschung/akuf/laufende-kriege.html (aufgerufen 15.12.2022).

siert es uns noch, was den Menschen in der Demokratischen Republik Kongo, in Haiti, im Sudan, dem Jemen, Somalia widerfährt? Hören wir die Unschuldigen dort einfach nicht mehr, weil sie weit weg sind?

Ist Krieg nur deswegen wieder Thema, weil er sich in unserer Nähe abspielt? Und ist Krieg weniger schlimm, weil er sonst in Ländern wütet, die weit weg sind?

Ist das Entsetzen jetzt so groß, weil wir alle überrascht wurden, dass so etwas *bei uns* noch überhaupt möglich ist? Klar, *dort* gibt es Krieg, *da* ist ja schon seit Ewigkeiten Krieg. *Da* sterben ja schon immer Menschen. *Die* sind halt so. Aber hier?

Hier bei uns?

Und plötzlich ist Krieg.

Und plötzlich ist die Angst da, das Entsetzen. Und plötzlich reißt uns das Entsetzen den Boden unter den Füßen weg, sind die Massaker sichtbarer, weil sie vor unserer Haustür stattfinden, gehen uns die Gräueltaten, die Vergewaltigungen, die Exekutionen, die Kriegsverbrechen nahe, weil sie eben nahe sind. Plötzlich öffnen wir unsere Türen, weil die Menschen, die fliehen, uns näher sind.

Und wir öffnen die Tür – und schließen sie wieder.

Wir schließen sie wieder, weil der Krieg dann doch kein rasches Ende nimmt. Die Menschen sind uns immer noch nahe, manchen aber bald schon wieder zu nahe.

Denn auf Dauer ist auch Nähe ein Problem.

Für viele.

Und dann ist der Krieg im Herz, vor allem im Kopf

schon wieder ein Stück weg. Das Leben muss ja weitergehen. Das ist dann wohl die neue Normalität. Man gewöhnt
sich an vieles. Außer man steht an der Zapfsäule, im Supermarkt, wo alles teurer geworden ist. Auch wegen dem
Krieg.

Weil er teuer ist. Für uns alle. Plötzlich ist Krieg. Erstmals auch in der eigenen Geldbörse. Und wieder macht er
Angst. Nicht wegen der Bomben *dort*, den Verbrechen
dort, sondern hier, mitten in den Familien, weil die Angst
da ist, die Rechnungen nicht mehr bezahlen zu können,
alles teurer wird, der Ofen vielleicht kalt bleibt, der Krieg
die eigene Geldtasche leer frisst. Die Sorge ist da. In den
Gesichtern der Eltern, wenn sie zu Hause leise in der Küche reden.

Und dann wütet der Krieg weiter.

Immer.

Irgendwo.

Und es hört nicht auf.

Der Krieg geht uns näher, wenn er uns nahe kommt, wenn
wir seinen Auswirkungen nicht entkommen.

Der Krieg ist weit weg, wenn er wirklich weit weg ist.
Vor allem in Ländern, in die man auch als Tourist nicht reisen würde. Denn sonst, sonst wäre man ja vielleicht entsetzt. Weil dann würde man die Menschen dort ja »kennen«, ginge es einem näher. Würde man sich vielleicht
verbunden fühlen.

Aber wenn nur Fremde *dort* die Auswirkungen spüren,
ist Krieg bei uns nur mehr ein Wort, auch keine Schlag-

zeile mehr. Denn irgendwo ist immer Krieg und die Welt zu Hause dreht sich weiter. Aber dort?

Man muss ja nicht alles wissen, oder? Man kann doch nicht alle retten?

Selbst im Krieg sind nicht alle gleich. Wir fühlen nicht gleich, wenn wir die Opfer nicht kennen, wir ihnen nie nahegekommen sind, sie uns fremd sind.

Die Welt ist groß, wenn es darum geht, etwas vergessen zu wollen. Wenn man vergessen kann, schläfert man das Gewissen ein. »No war«-Sticker ist wieder cool geworden. Aber tun wir auch etwas dafür oder ist es nur noch ein leeres Statement, Mode?

Die Welt vergisst Kriege, wenn sie weit weg sind. Die Welt vergisst Somalia, vergisst den Jemen, vergisst die brutalen, marodierenden Banden in vielen Teilen Afrikas. Die Welt vergisst gerade wieder Afghanistan, worauf wir bis vor Kurzem noch täglich unsere medialen Augen geworfen haben und entsetzt waren. Aber für die Menschen dort *ist* Krieg, *ist* Leid, *ist* Tod.

Jetzt ist Krieg.

Nicht nur in der Ukraine.

Jetzt, während du liest, sterben Menschen im Krieg. Werden Frauen und Kinder verstümmelt. Jetzt verlässt gerade jemand seine Heimat, ohne zu wissen, wohin, ohne zu wissen, ob man überlebt.

Jetzt.

Und jetzt.

Und jetzt.

Der Krieg ist mit der Ukraine nahe gekommen. Trotzdem wütet er auch dort draußen weiter. Auch dort ist er eine Bestie, auch dort werden Kinder von Bomben zerfetzt, Frauen vergewaltigt, Unschuldige bestialisch ermordet.

In meiner früheren Arbeit als Krisenreporter habe ich den Krieg gesehen. Den lauten, im medialen Dauerfeuer kommentierten Krieg der USA und ihrer Verbündeten gegen den Irak, den sogenannten »Befreiungskrieg« gegen die Taliban in Afghanistan. An dessen Ende jetzt wieder die Taliban herrschen. Aber auch den leisen und für mich unerträglichen Krieg abseits der Schlagzeilen. Den Bürgerkrieg, den Bandenkrieg, den Krieg der Drogenkartelle, den Menschenhandel, den Hass ethnischer Gruppen aufeinander, den Krieg gegen den Hunger.

Und wie oft hat es zu Hause niemanden interessiert?

Zu oft.

Das ist zu weit weg, heißt es dann.

Das wollen die Leute nicht hören.

Und es wird nicht berichtet.

Und wir haben es nicht gehört.

Die Welt ist heute medial tatsächlich ein Dorf. Wenn es darum geht, etwas Unliebsames wie einen Krieg in der Ferne zu vergessen, sind wir aber kein Dorf mehr. Denn dann müssten wir handeln. Dann gibt es wieder uns *hier* und die *dort*.

Und plötzlich ist wieder Krieg.

Und meine Tochter fragt mich, ob wir Angst haben müssen? Angst, weil man in der Schule davon spricht, dass Atomwaffen eingesetzt werden könnten. Es gibt nur die Angst und keine Antworten. Weil die Angst, die Unsicherheit und die Sorgen von den Eltern, den Lehrer*innen kommt.

Die Erwachsenen liefern keine Antworten, weil es die einfachen Antworten nicht gibt und sie selbst Angst haben, sich vielleicht an die eigene Angst als Kind erinnern. An die Angst, als auch in meiner Kindheit vom Atomkrieg die Rede war. In einer Zeit, als Ost und West noch zwei klare Blöcke waren. So wie Schwarz und Weiß. Klare Linie, klare Trennung, klare Zuweisung, wer die Guten und wer die Bösen sind. Einfache Erklärungen, die nichts geholfen haben, weil es keine einfachen Erklärungen gibt. Und dann wird man erwachsen und lernt, dass es keine nur gute, keine nur böse Seite gibt. Nur Graubereiche. Und man lernt, dass es Menschen, Führer*innen, Mächtige gibt, die den Krieg wollen.

Und plötzlich ist der Krieg zu Hause.

Mit den Bildern in den sozialen Medien, den Ängsten der Erwachsenen ist er dann in den eigenen vier Wänden. Mit den Fremden, den Flüchtlingen, die plötzlich in die Klasse kommen, ist er greifbar nahe.

Plötzlich.

Und wenn du dem ukrainischen Mädchen in der Klasse die Hand reichst, berührst du den Krieg. Spürst diese Hand, die vor drei Wochen noch ihren Vater festgehalten hat, bevor er gegangen ist. Wohin, weiß das Mädchen nicht. In den Krieg vor seiner Haustür in der Ukraine. Und das Mädchen lässt ihren Vater los und flieht mit der Mutter. Und der Vater ist weg. Für immer. Er ist tot. Gefallen, heißt das dann.

Und plötzlich ist Krieg, und wir bekommen eine Vorstellung von dem, was sich hinter dem Wort versteckt, das wir alle kennen, aber nicht gefühlt haben. Was sich hinter der Vorstellung von Krieg tatsächlich verbirgt und wie schnell er dein Leben auf den Kopf stellt.

Und wir bekommen vielleicht eine leise Ahnung, was Krieg wirklich ist.

Er ist das Ende, das Verabscheuungswürdigste und Brutalste, das es gibt. Der Krieg ist Vernichtung aller Werte, aller Menschlichkeit, aller Träume. Er ist das Böse in allen Ausprägungen. Er bringt all jenes im Menschen zum Vorschein, das abseits aller Vorstellungen liegt. Im Krieg wird der Mensch zur Bestie, und es gibt nichts, nichts in diesem Hass, dem blinden Gehorsam, den menschlichen Abgründen, das der Krieg nicht zum Vorschein bringt. Was Menschen im Krieg tun, liegt jenseits der Worte, der Vorstellung, des Erträglichen. Worte reichen nicht, so wie Tränen nicht reichen, um zu beschreiben, was der Mensch im Krieg ist. Der Krieg frisst die Seele und das erste Opfer ist die Menschlichkeit.

Und du bekommst eine Ahnung und hast doch keinen blassen Schimmer, was Krieg wirklich bedeutet.

Und du weißt, du solltest dankbar sein, dass du keine Ahnung hast, weil das heißt, dass du in Frieden lebst.

Und plötzlich bekommt das, was du schon immer hattest, aber nie gespürt hast, ein Gewicht. Plötzlich hat der Frieden zu Hause ein Gewicht, ein Preisschild.

Und auch wenn wir sie sehen, berühren, mit ihnen reden, jenen, die fliehen, haben wir nur eine leise Ahnung, was es heißt, selbst betroffen zu sein. Selbst fliehen zu müssen, selbst Menschen, Kinder, Eltern im Krieg zu verlieren. Wir haben keine Ahnung.

Und das ist ein Geschenk.

Aber weil wir keine Ahnung haben, wie es sich wirklich anfühlt, vergeht das Gefühl, helfen zu wollen, hinzusehen, da zu sein für die anderen.

Wir haben keine Ahnung. Seit der Ukraine schätzt man dieses Geschenk.

Aber dort ist immer noch Krieg.

Und plötzlich ist Krieg und man will helfen. Aber der Krieg ist zäh, zermürbend, ausdauernd. Er hält länger durch als die meisten, die helfen wollen. Krieg überdauert nicht selten die Solidarität. Irgendwann will man nur noch, dass er aufhört. Der Krieg hat einen langen Atem, wird er doch am Leben erhalten von Menschen, die weit abseits im Sicheren sitzen, die Maschine im Hintergrund steuern. Und trotzdem will man helfen, und es geht einem die Kraft aus, weil das eigene Leben hier auch nicht immer einfach ist. Das Leben zu Hause belastet. Die Schule, die Pandemie, die Ungewissheit vor der Zukunft, die auch ohne Krieg schon reicht, um die Krise zu bekommen. Und man will den Kopf in den Sand stecken, will nichts mehr hören, nichts mehr sehen, will nicht mehr. Will nur noch seinen Frieden.

Und trotzdem ist da immer noch Krieg.

Und aus Solidarität wird Erinnerung.

Aus Erinnerung ein Wegsehen.

Aus dem Wegsehen ein Vergessen.

Aus dem Vergessen ein schlechtes Gewissen.

Manchmal.

Worauf verzichten, wenn Millionen alles genommen wird? Wozu wäre ich bereit? Die Temperatur in der Wohnung zu senken, um weniger fossile Brennstoffe zu verbrauchen, um Kriegsparteien weniger die Taschen zu füllen? Einen Tag, vielleicht. Eine Woche? Einen ganzen Winter lang? 18 Grad in der Wohnung statt die Wohlfühltemperatur bei Netflix im Flanellpyjama? Aber das ist zu wenig, sagen die einen. Man braucht große Lösungen. Aber man fühlt sich zu klein für eine große Lösung und hofft auf jene, die man gewählt hat, oder auch nicht. Auf jene also, die die Gefahr auch nicht gesehen haben oder sehen wollten, auf jene, die einfach geglaubt haben, dass alles gut wird, dass alles vorbei sei. Dass Geld für Öl und Gas Kriege verhindern könnte, Abhängigkeiten schafft. Auf beiden Seiten. Und wenn man aufeinander angewiesen ist, Krieg keine Option mehr sei. Zumindest bei uns. In Europa.

Man hofft auf die Politik. Jene Menschen, die auch die Kriege vergessen haben, die da draußen, weiter weg sind. Denn auch sie gehen diese Kriege offenbar wenig an. Zumindest lässt sich politisch damit nichts gewinnen.

Man kann ja nicht die ganze Welt retten.

Immer ist irgendwo Hass, ist Mord, ist Hunger, ist Armut, ist Kinderarbeit, ist Missbrauch, sind Krisen, sind Kriege, die viele betreffen, Millionen. Aber die Reicheren in Europa eben erst zum Schluss.

Und man fragt sich, wie helfen, wie ein Zeichen setzen?

Protestieren und doch in den Urlaub fahren? Sehen, wie die Brotpreise steigen, und doch täglich Tausende Tonnen Brot in den Müll werfen?

Zu wissen, dass die Rohstoffe zu Ende gehen, und doch immer das neueste Smartphone kaufen? Für Klima auf die Straße gehen, um doch den billigen Städteflug zu buchen? Über Ölmultis schimpfen, die Arbeitsbedingungen in Katar ankreiden und doch den Fußballstars bei der WM die Daumen drücken? Über die Morde, die Missachtung der Rechte von Frauen und der LGBTQ+ Gemeinde entsetzt sein und doch nach Saudi-Arabien in den Urlaub fliegen?

Aber halt. Wir waren beim Krieg.

Dem Krieg.

Nicht dem da draußen. Weit weg.

Und Friede ist plötzlich wieder etwas, das zählt. Der Friede, den man niemals spürt, außer er ist bedroht. Und der Friede bekommt Gewicht.

Gäbe es Kriege nicht, wo wären wir heute? Wer wären wir? Vielleicht noch in den Höhlen? Nicht entwickelt?

Ich glaube nicht an dieses Narrativ.

Auch so ein Wort, das plötzlich alle in den Mund nehmen: Narrativ. Wie man etwas erzählt, soll das beeinflussen, was der Zuhörer dann denkt und denken soll.

Also, wo wären wir heute?

Das Rad wurde nicht für den Krieg erfunden, nicht der Buchdruck, nicht das Flugzeug. Erfindungen gibt es, um die Welt zu bereichern, nicht zu beherrschen, aber viele sahen in den Erfindungen Vorteile für ihre Herrschaft.

Stelle dir vor, es wäre Frieden.

Auch im eigenen Kopf. Frieden mit dem streitsüchtigen Nachbarn zu Hause, dem Mobber in der Schule, der einem das Leben unerträglich macht und den man hassen muss.

Es gäbe immer noch Leid, Schicksal, Krankheit, Krebs, Tod, Unfälle. Es wäre das Leid des Lebens, aber nicht das menschlich erzeugte.

Stell dir vor, es ist Frieden!

In deinem Umfeld, deinem Elternhaus, deinen Freunden.

Es ist Frieden in unseren Ländern.

Aber bei uns ist doch Frieden? Ja, aber auch Hass, oder?

Ist dann noch Frieden, wenn der Hass auf der Straße, im Alltag, da draußen vor der eignen Tür doch schon so spürbar ist?

Was liegt im Graubereich zwischen Frieden und Krieg? Ist friedlich manchmal auch schon ein wenig kriegerisch? Kriegerisch doch auch noch ein wenig friedlich?

Ab wie vielen Toten ist Krieg? Ab wie viel Hass ist Krieg?

»Papa. Stell dir vor, es wäre Frieden. Überall«
   »Kann ich nicht.«
   »Aber versuch es doch.«
   »Aber da gibt es immer jene, die herrschen, beherrschen, bestimmen, größer, wichtiger, reicher sein wollen.«
   »Aber versuch es doch, Papa.«
   »Ich kann es nicht.«

Ich glaube, auch nach meinen Reisen weiter an die Menschen. Ich glaube aber, dass wenige reichen, um alles zu zerstören. Und es finden sich immer welche. Und meist scharen sich dann auch noch rasch viele um diese wenigen.

Ganz grosse Oper der politik

überwältigende Inszenierung

perfekte Kulisse

LEERE PHRASEN, LEERE Worte

viel  WIR

eine Menge
Ressentiments

verfeindete Welten.

lohnt sich.

immer

Safiye Can

Reiner Engelmann

Wenn Frieden wäre

Wenn in meinem Land Frieden gewesen wäre, hätte ich sicher nicht diese Entscheidung treffen müssen, die mein Leben komplett veränderte. Die meisten Menschen stellen sich den Krieg als eine bewaffnete Auseinandersetzung zwischen zwei Ländern vor. Modernste Waffensysteme werden eingesetzt, und das Land mit den besten Waffen und dem meisten Geld, um immer wieder neue Waffen zu kaufen, wird klar im Vorteil sein. Ähnlich wie derzeit im Krieg zwischen Russland und der Ukraine.

In meinem Land Eritrea hat der Krieg ein ganz anderes Gesicht. Denn dort geht der Staat sehr brutal mit Waffengewalt und vielen anderen Druckmitteln gegen seine eigenen Bürger vor. Öffentlich seine Meinung sagen? Fehlanzeige! Die Regierung kritisieren? Unmöglich! Verreisen wollen – nicht in ein anderes Land, sondern nur in eine andere Region? Streng verboten! Sich zum Christentum bekennen? Darauf steht Gefängnis. Und dann der Wehrdienst! Ihn verweigern? Bis vor einigen Jahren stand darauf die Todesstrafe – jetzt sind es noch immer langjährige Gefängnisstrafen. Ich musste mit sechzehn Jahren eine Entscheidung treffen: Unterwarf ich mich den strengen

Gesetzen meines Landes oder entzog ich mich ihnen? Mit jemandem darüber reden? Unmöglich! Wem konnte ich trauen? Wem konnte ich vertrauen? So empfand ich das. Waren meine Freunde tatsächlich Freunde? Waren meine Nachbarn vertrauenswürdig und hilfsbereit? Es war ein zu großes Risiko, mit anderen über Lebensvorstellungen zu reden, die nicht der staatlich vorgegebenen Norm entsprechen.

Ganz für mich allein musste ich entscheiden, wie mein Leben aussehen sollte.

Eins war klar: Es sollte anders werden als das meiner Eltern. Ganz anders!

Mein Vater war viele Jahre im Gefängnis. Warum? Ich habe nur Vermutungen, weil wir nie darüber gesprochen haben, obwohl es mich interessierte. Aber mein Vater schwieg dazu. Warum? Hatte er so Schlimmes erlebt, dass er nicht darüber reden konnte? Er schaute mich immer verstört an, wenn ich ihn mal danach fragte. Er war kein Verbrecher, hat keine Straftat begangen. Er wurde auch nie von einem Gericht zu einer Haftstrafe verurteilt.

Meine Mutter ist schon sehr früh gestorben. Sie stammte aus Äthiopien, einem Land, das lange Jahre Krieg mit Eritrea geführt hat. Zehntausende Menschen kamen dabei ums Leben, nicht nur Soldaten, sondern auch sehr viele Zivilisten. Städte und Dörfer wurden geplündert, Mädchen und Frauen von den Soldaten vergewaltigt. Das war alles vor meiner Geburt und trotzdem hat es mein Leben bestimmt. Weil mein Vater mit einer Äthiopierin verheiratet war, wurde er verdächtigt, Informationen an dieses Land weiterzugeben. Welche Informationen sollten das sein? Mein Vater war ein einfacher Mann. Doch dieser Verdacht genügte schon, ihn zu verhaften und ins Gefängnis zu stecken. Einfach so.

Weil meine Mutter schon gestorben war, lebte ich bei meiner Großmutter in einem Dorf. Ich wusste, dass mein Vater im Gefängnis war, hatte aber keine Vorstellung davon, was das bedeutete. Erst später habe ich das herausgefunden:

Seine Gefängniszelle war ein Erdloch mit einem Gitter darüber, über das die Wachen gelaufen sind. Es war heiß dort unten, den ganzen Tag hat die Sonne dort hineingeschienen. Mein Vater war nicht der Einzige, der in dieser Zelle gefangen war. Dicht an dicht saßen die Häftlinge in diesem Loch. Sie bekamen nur wenig zu trinken und viele starben.

Als ich mir das alles vor Augen geführt hatte, war mir klar, dass ich niemals riskieren durfte, in einem solchen Gefängnis zu landen.

Doch war das überhaupt möglich? Würde ich mich den strengen Regeln des Landes anpassen können? Würde ich die Barrieren, Schranken und Wegweiser der Regierung einhalten können, die die Richtung meines Lebens vorgaben?

Ich hatte berechtigte Zweifel.

Meine Neugierde trieb mich um, ließ mich immer neue Dinge ergründen. Ich wollte die Menschen verstehen, die angepasst durch den Tag liefen. Ich wollte die verstehen, die andere denunzierten. Warum taten sie das? Ich machte mir Gedanken: darüber, ob es Alternativen zu der täglichen Gewalt gab, die ich beobachtete. Wie könnten die aussehen? Ich dachte darüber nach, wie das Land aussehen müsste, in dem ich gerne leben würde.

Manchmal dachte ich tagelang darüber nach. Ein Wort ging mir dabei immer wieder durch den Kopf:

Frieden!

Es ist ein großes Wort, aber ich wollte es nicht zu einem Schlagwort verkommen lassen. Ich musste herausfinden, was es für mich bedeutete.

Eines stand ganz klar fest: Frieden war und ist für mich mehr als nur die Abwesenheit von Krieg, in dem sich zwei Länder mit Waffengewalt bekämpfen.

Frieden hat eine viel höhere Bedeutung: Er umfasst das unbeschwerte Zusammenleben in der Familie, in der Nachbarschaft, im Dorf oder in der Stadt und schließlich im ganzen Land. Friedlich zusammenleben ist für mich aber nur möglich, wenn man sich den Menschen in seiner Umgebung anvertrauen kann, ganz ohne Angst. Ich möchte mit den Menschen offen reden können, ihnen meine Wünsche, Vorstellungen und auch meine Geheimnisse und auch meine Ängste anvertrauen.

Je mehr ich darüber grübelte, umso deutlicher wurde mir, dass ich bereits in einem Gefängnis eingesperrt war, und dieses Gefängnis war mein Land.

Ich musste mich entscheiden, bevor ich in die Mühle des Staates gelangte. Denn dort würde ich ganz sicher enden, wenn ich nichts unternahm. Meine Entscheidung musste ich schon während meiner Schulzeit treffen, denn Männer und Frauen konnten ab dem 16. Lebensjahr zum Wehrdienst eingezogen werden. Wenn man dann mal in der Uniform steckt, ist es zu spät. Dann ist man in diesem System drin, und jeder Versuch, rauszukommen, wird hart bestraft.

Militärdienst in Eritrea bedeutet nicht einfach nur, dass die Soldaten eine militärische Grundausbildung machen, und danach ist Schluss. Die militärische Grundausbildung in Eritrea dauert sechs Monate, danach werden alle zu einer Zwangsarbeit verpflichtet. Die wird entweder in Minen, in Bergwerken oder bei großen Baufirmen absolviert, je nachdem, wo von staatlicher Seite aus Arbeitskräfte gebraucht werden. Offiziell ist diese Zwangsarbeit auf ein Jahr begrenzt, doch häufig kommt es vor, dass sie auf unabsehbare Zeit verlängert wird. Die jungen Menschen, die den Militärdienst leisten, sind in dieser Zeit nicht nur von ihren Familien getrennt, sie können auch keine eigenen Familien gründen. Wer sich offen gegen den Wehrdienst ausspricht oder sich sonst irgendwie kritisch dazu äußert, der wird irgendwo in einem Gefängnis eingesperrt oder in einem Lager festgehalten, ohne dass die Angehörigen erfahren, wo er ist. Ich habe von einigen jungen Menschen gehört, denen es so ergangen ist. Die plötzliche Abwesenheit dieser Menschen solle Angst und Schrecken in der Öffentlichkeit verbreiten.

Ich musste also eine Entscheidung treffen, deren Ausmaß ich mir damals nicht vorstellen konnte. Wenn Frieden gewesen wäre in meinem Land, hätte ich mich sicher nicht für eine Flucht mit unbekanntem Ziel entschieden. Denn eigentlich mochte ich meine Heimat und auch die Menschen, nur nicht so, wie es von dieser Regierung gestaltet wurde. Hätte es ein Mitsprache- und Mitentscheidungsrecht gegeben, wäre ich sicher geblieben. Doch das gab es nicht, und so wäre jeder Versuch, mich für Frieden und Demokratie einzusetzen, mit einem Gefängnisaufenthalt verbunden gewesen.

Es fiel mir schwer, mich von meiner Familie zu trennen. Gerne hätte ich sie unterstützt mit meinen täglichen Arbeiten, aber auch mit Geld, sofern ich hier eine gute Arbeitsmöglichkeit gefunden hätte. Aber vielleicht könnte ich in einem anderen Land arbeiten und Geld verdienen. Meine Hoffnung, irgendwo anders besser leben zu können, war größer als die Zuversicht, in meinem Heimatland könnte sich etwas verbessern.

Illegal schaffte ich es, die Grenze zum Sudan zu passieren. Ich hatte weder einen Ausweis noch sonstige Dokumente dabei, anhand derer man mich hätte identifizieren können. Diese Unterlagen habe ich absichtlich nicht mitgeführt, denn sollte ich irgendwo auffliegen und abgeschoben werden, wollte ich auf keinen Fall mehr zurück nach Eritrea. Dort hätte nur das Gefängnis auf mich gewartet.

Den ersten Schritt hatte ich geschafft, ich war in einem anderen Land. So groß meine Freude über den ersten gelungenen Erfolg war, so groß war das Problem, dem ich mich jetzt stellen musste: die Sprache. Ich verstand kein

Wort. Vorsichtig musste ich sein, mich am besten unsichtbar machen, damit ich nicht auffiel, denn die Polizei war allgegenwärtig und kontrollierte wahllos Pässe.

In den ersten Tagen konnte ich mich mit kleinen Arbeiten durchschlagen. Ich verdiente nicht viel, aber es reichte, um mir wenigstens einmal am Tag etwas zu essen zu kaufen.

Nach ein paar Tagen geriet ich aber schon in eine Ausweiskontrolle. Ich hatte die Polizisten einfach zu spät bemerkt, um noch weglaufen zu können.

Weil ich ihnen keinen Ausweis vorzeigen konnte, nahmen sie mich mit und steckten mich ins Gefängnis.

Sollte das schon das Ende meines Traums von einem friedlichen und freien Leben sein? Meine Hoffnung durfte ich nicht aufgeben, obwohl es im Gefängnis wenig Grund gab, zuversichtlich zu sein.

Nach meinem ersten Verhör brachten sie mich in eine Zelle. Viele andere Männer waren schon dort. Ein paar waren Flüchtlinge, genau wie ich, die meisten von ihnen hatten aber ein Verbrechen begangen und saßen hier ihre jahrelangen Haftstrafen ab.

Es war heiß in der Zelle und wir bekamen wenig Wasser und jeden Tag nur ein kleines Stück Brot. Die Aufseher waren sehr streng. Wenn sie in die Zelle schauten und jemand saß nicht ordentlich auf dem Boden, bekam er Schläge. Ich habe lange gebraucht, um herauszufinden, dass es keine Regel gab, was sie unter »ordentlich« verstanden. Es war ziemlich egal, wie man saß, wir waren einfach der Willkür der Aufseher ausgesetzt.

Jeden Tag wurde ich aus der Zelle zu einem sogenannten Verhör herausgeholt. Zunächst wollten die Polizisten wissen, wo meine Papiere sind und aus welchem Land ich komme. Meine Antworten auf ihre Fragen waren ihnen aber gleichgültig. Das interessierte sie nicht wirklich. Sie verlangten Geld von mir, das war es, was sie wollten. Weil ich keines hatte, wurde ich geschlagen. Auf den Rücken, auf die Beine, einfach irgendwohin, Hauptsache, sie trafen mich. Das wiederholte sich, Tag für Tag. Immer die gleichen Fragen, immer die für sie unbefriedigenden Antworten, immer noch kein Geld, dann kamen die Schläge.

Zwei lange Monate ging das so.

Weil oft neue Gefangene in die Zelle kamen, mussten einige entlassen werden. Weil sie offensichtlich von mir kein Geld bekommen konnten, kam ich frei. Doch draußen wartete nicht die Freiheit auf mich, sondern die Abschiebung. Weil ich keine Papiere hatte, konnte ich behaupten, ich sei aus Äthiopien, denn nach Eritrea wollte ich auf keinen Fall zurück. Dort hätten entweder der Militärdienst oder das Gefängnis auf mich gewartet. So wurde ich zur äthiopischen Grenze gebracht.

Einige Tage nach meiner Abschiebung nach Äthiopien wagte ich einen neuen Fluchtversuch, wieder in den Sudan. Dieses Mal hatte ich mehr Glück. Ich fand eine Arbeit, konnte Geld verdienen und für meine weitere Flucht sparen. Denn im Sudan, das merkte ich, hatte ich keine Perspektive. Ich war bereits über ein Jahr im Sudan, als ich von einem mir unbekannten Mann angesprochen wurde.

»Willst du ewig hier bleiben und dir für das bisschen Geld den Buckel krumm arbeiten? In Libyen gibt es viel Arbeit und man kann dort gutes Geld verdienen!«

Dieser Satz ging mir nicht mehr aus dem Kopf. Die Wörter »Libyen«, »Arbeit« und »Geld« kreisten unablässig in meinen Gedanken und waren nicht wegzubekommen. Sie machten mir Hoffnung, boten mir Perspektiven auf ein besseres Leben. Zumindest besser als das im Sudan.

So wurde der Sudan nur zu einer Zwischenstation auf meiner Flucht. Libyen könnte mein Zielland sein, wenn es dort wirklich gute Arbeit gab und ich genug Geld verdienen könnte, um damit auch meine Familie zu unterstützen. Ich schloss mich einer Gruppe von vierzig Personen an, die ebenfalls das Land verlassen wollten. Unsere Fluchtroute führte uns mitten durch die Wüste Sahara. Niemand von uns hatte eine Vorstellung davon, was auf uns zukommen würde. Allein die Hoffnung, in Libyen ein neues Leben anzufangen, eine Arbeit zu finden und Geld zu verdienen, ließ uns diesen Weg antreten. Für unsere Flucht mussten wir Geld bezahlen, viel Geld. Aber dafür hatte ich ja gearbeitet und gespart.

Wenn Frieden gewesen wäre in meinem Land, hätte ich mich sicher nicht auf diesen Weg gemacht. Er hatte mich bis an die Grenze meiner Existenz gebracht.

Für unsere Flucht nach Libyen mussten wir Geld bezahlen, viel Geld. Aber dafür hatte ich ja gearbeitet und gespart.

Die ersten drei Tage waren wir zu Fuß unterwegs. Vierzig Personen war eine gute Größe für unsere Gruppe. Es sollte nicht auffallen, dass wir auf der Flucht waren, als wir die Stadt verließen. Nach diesem Fußmarsch durch die Hitze trafen wir auf einen Lkw, der uns durch die Wüste bringen sollte. Eng zusammengedrängt saßen wir auf der Ladefläche, unter uns der Sand, über uns die Sonne. Jeder von uns bekam einen halben Liter Wasser. Der musste für eine ganze Woche reichen. Ich konnte mir immer nur die Lippen und die Zunge etwas anfeuchten. Mal einen Schluck zu trinken war kaum möglich, sonst hätte der Wasservorrat nicht gereicht. Oft gab es Streit. Mal behauptete jemand, man habe ihm seine Flasche weggenommen, ein anderer verlangte, ihm etwas abzugeben, weil sein Vorrat aufgebraucht war. Ich musste meine Flasche immer fest in meinen Händen halten, damit sie niemand wegnehmen konnte.

Die winzige Fingerspur einer Hoffnung ließ mich nicht aufgeben. Ich wollte unbedingt durchhalten. Doch oft genug war auch dieser Durchhaltewille eine große Herausforderung.

Einmal blieb der Lkw mitten in der Wüste im Sand stecken. Die Räder drehten durch, ohne dass wir nur einen Zentimeter weitergekommen wären. Wie sollten wir ihn befreien? Hungrig, durstig und entkräftet, wie wir waren. Doch wir hatten keine Wahl, wir mussten ihn freischaufeln.

Der Lkw, der uns nun ein gutes Stück in die Wüste gebracht hatte, war nicht unser einziges Transportmittel. An einem Tag mussten wir alle absteigen, und der Fahrer erklärte uns, dass ein neuer Lkw kommen werde, mit dem wir weiterfahren würden. Mit diesen Worten wendete er und fuhr die Strecke wieder zurück.

Das passierte einige Male auf unserer Flucht durch die Sahara. Manchmal saßen wir zwei oder drei Tage unter der gleißenden Sonne und warteten, bis endlich ein neues Fahrzeug kam. Oft wollten wir aufgeben, weil wir keine Hoffnung mehr hatten, abgeholt und weitergebracht zu werden. Erst viel später habe ich erfahren, dass es anderen Gruppen so erging und sie in der Wüste starben.

Ist es Glück, wenn man in der Wüste nicht vergessen wird?

Diese Frage stelle ich mir oft.

Wie kann man eine Flucht durch die Wüste beschreiben? Mir fehlen für die Beschreibung der Hitze, des Staubes, des Durstes, des Hungers, der Erschöpfung und auch oft der Hoffnungs- und Mutlosigkeit die richtigen Worte. Vier lange Wochen waren wir unterwegs. An jedem Tag waren wir dem Tod näher als dem Leben. Oft wussten wir nicht, wo wir waren, besonders dann nicht, wenn wir auf ein neues Fahrzeug warteten. Niemand von uns hatte ein Handy dabei, mit dem man hätte navigieren können.

Nach diesen vier Wochen kamen wir endlich in Libyen an. Wir waren erleichtert, nun endlich am Ziel zu sein, schnell eine Unterkunft und eine Arbeit zu finden und ein neues Leben beginnen zu können.

Aber es kam alles ganz anders.

Die Schlepper verfrachteten uns am Stadtrand in eine große Halle. Wir wussten nicht einmal, wie diese Stadt hieß! Viele andere Menschen waren dort schon untergebracht. Von den Schleppern bekamen wir ein Handy und mussten zu Hause anrufen. Die Angehörigen sollten Geld auf das Konto der Schlepperbande überweisen.

Ich hatte Glück, Geld meiner Schwester hat mich zunächst aus dieser Halle befreit.

Die Aussicht auf eine gut bezahlte Arbeit in Libyen hat sich mehr als ein Lockmittel der Schlepper denn als reale Chance dargestellt für uns. Tagelang lief ich durch die Stadt, bot hier und da meine Arbeitskraft an und verdiente gerade mal so viel, dass ich nicht hungern musste. Was ich nicht auf dem Schirm hatte, war die Polizei, die hier auch Kontrollen durchführten. An einem Tag lief ich zwei Polizisten direkt in die Arme. Weil ich mich nicht ausweisen konnte, nahmen sie mich mit zur Polizeistation. Nach einer kurzen Befragung sperrten sie mich in eine Zelle. Viele Männer saßen dort auf dem Boden, andere Sitzmöglichkeiten gab es nicht außer einem Eimer für die Notdurft.

Ich wollte mich an die Wand setzen, mich anlehnen, denn ich war müde, erschöpft. Doch hier in der Zelle gab es so etwas wie eine Rangordnung. Einen Platz an der Wand musste man sich erst verdienen.

Irgendwann saß ich aber auch an einer Wand, konnte mich zurücklehnen. Das kam mir schon wie eine Erholung vor. Es war heiß in der Zelle und wir bekamen nur wenig Wasser. Waschen konnten wir uns auch nicht. So blieb es nicht aus, dass ich irgendwann Kopfläuse hatte, mein T-Shirt war verschwitzt und schmutzig, und dort nisteten sich Kleiderläuse ein. Es war kaum auszuhalten.

Die Aufseher waren sehr streng. Wir durften nicht

reden, mussten still nebeneinandersitzen. Zwei meiner Mitgefangenen haben sich einmal flüsternd unterhalten. Der Wachmann merkte das und erschoss sie.

Trotzdem gab es auch an diesem Ort ab und zu neue Informationen. Ich erfuhr hier, dass es eine Möglichkeit gab, mit einem Boot über das Mittelmeer nach Europa zu kommen. Es war auch bekannt, dass immer wieder mal Menschen ertrunken sind, einmal sogar zweihundert, die in einem Kahn unterwegs waren. Aber diese Informationen machten mir trotzdem Hoffnung. Wenn ich hier herauskomme, überlegte ich, werde ich mich um eine Überfahrt nach Europa bemühen. Vielleicht habe ich ja Glück!

Ein halbes Jahr war ich in diesem Gefängnis, bevor ich entlassen wurde. Irgendjemand hat wohl für mich Geld bezahlt.

Bevor ich endlich meine Überfahrt nach Europa antreten konnte, war ich aber noch zwei weitere Male im Gefängnis. Hier konnte ich mich selbst freikaufen, weil ich in der Zwischenzeit gearbeitet und Geld angespart hatte.

Für meine weitere Flucht war ich wieder auf Schlepper angewiesen. Für Geld brachten sie mich bis zum Mittelmeer und erklärten mir, wie es weiterging.

Es sollte meine letzte große Fluchtstrecke werden, von der ich keine Vorstellung hatte, wie sie verlaufen würde.

Wenn Frieden gewesen wäre in meinem Land, hätte ich auf diese Erfahrung gut verzichten können. Doch nun war ich schon so weit gekommen, dass ein Funken an Hoffnung reichte, mich darauf einzulassen. Wir sollten zunächst mit Schlauchbooten hinaus aufs Meer fahren bis zu einem größeren Holzschiff. Das würde uns aufnehmen und uns sicher über das Meer bringen.

Das zugesagte Schiff war tatsächlich aus Holz, aber würden die vierhundert Menschen, die darauf zusteuerten, dort auch Platz finden?

Dicht gedrängt saßen wir schließlich alle in diesem Kahn, der mit einem Dieselmotor betrieben wurde. Frauen, Kinder, Säuglinge, alte Menschen, wir alle waren auf dem Weg in eine bessere Zukunft. Das hofften wir zumindest. Doch auch hier wurde unsere Hoffnung getrübt. Unser Steuermann war kein Profi, sondern einer, der ungefähre Ahnung davon hatte, wie so ein Schiff zu lenken sei. Hinzu kam, dass nach einiger Zeit der Motor ausfiel. Einer der Flüchtlinge, ein Mann aus Eritrea, bot an, ihn zu reparieren. Doch es war ihm nicht möglich, den Motor wieder in Gang zu bringen. Dann zeigte sich, dass das Schiff ein Leck hatte, Wasser drang in den Rumpf, und wir waren nicht in der Lage, es so schnell auszuschöpfen, wie es durch die Ritze hereindrang. Panik brach aus. Die wenigsten Menschen an Bord konnten schwimmen, Rettungswesten gab es keine.

Unsere Rettung war, dass einer ein Handy dabeihatte und die Seenotrettung verständigen konnte. Zwei Tage später waren wir gerettet. Wir waren irgendwo in Italien angekommen. Einige Tage musste ich dort ins Krankenhaus. Ich war unterernährt und hatte einen Ausschlag auf meiner Haut.

In Italien blieb ich aber nur kurze Zeit. Mit anderen

Flüchtlingen habe ich mich darüber unterhalten, in welches Land wir kommen. Holland, Schweden, Dänemark, Frankreich und Deutschland standen zur Diskussion. Allerdings konnten wir uns das Land nicht aussuchen.

Dass ich nach Deutschland kam, war Zufall. Jemand in einer Behörde hatte das entschieden. Zuerst war ich in einem Sammellager in Trier, bevor ich später nach Mainz kam.

In Deutschland musste ich lernen, viele Formulare auszufüllen, Fragen zu beantworten und zu warten. Bevor mein Antrag auf Asyl nicht genehmigt war, durfte ich weder arbeiten noch einen Sprachkurs machen.

In Mainz habe ich viel Unterstützung bekommen, ohne die ich es nicht geschafft hätte.

In den ersten Jahren habe ich bei A. gewohnt. Sie war es, die mir den Inhalt von Behördenbriefen erklärte. Sie war es, die mich drängte, die deutsche Sprache zu lernen, einen Schulabschluss und eine Lehre zu machen. Sie war mir behilflich bei meinem Asylantrag. An manchen Abenden haben wir bei ihr im Wohnzimmer gesessen und Nachrichten geschaut. Bilder von Geflüchteten, die in ihren Booten auf dem Mittelmeer trieben, konnte ich kaum ertragen. Alles in meinem Kopf drehte sich, denn in jedem dieser Boote sah ich mich. Ich habe die deutsche Sprache gelernt, habe hier einen Schulabschluss und eine Berufsausbildung zum Zweiradmechaniker gemacht. Bei der Stadt Mainz habe ich einen unbefristeten Arbeitsvertrag. Die Dienstfahrräder der Beamten und Angestellten muss ich in Ordnung halten und auch reparieren. Das ist meine Aufgabe.

Der Frieden, den es in meinem Land nicht gab, hat mich zu diesem Ort gebracht.

Heute wünsche ich mir, der Krieg zwischen Russland und der Ukraine möge bald zu Ende sein. In erster Linie, damit nicht noch mehr Menschen sterben.

Er soll aber auch bald zu Ende sein, damit die Menschen hier ihre Aufmerksamkeit noch einmal mehr auf Afrika richten. Nicht nur aus Eritrea, sondern auch aus vielen anderen afrikanischen Ländern flüchten Menschen.

Anmerkung der Autors:

Ich habe den jungen Mann in Mainz getroffen. Lange haben wir in seiner Wohnung zusammengesessen, während er mir seine Geschichte erzählte. Es waren für uns beide sehr bewegende Stunden. Als er sich erinnerte, geriet er oft ins Stocken, manchmal flossen auch Tränen.

Jährlich flüchten zwischen 20.000 und 40.000 Menschen aus Eritrea. Die meisten von ihnen stellen in Nachbarländern einen Asylantrag. Im Jahr 2021 stellten 3.168 Geflüchtete aus diesem Land in Deutschland einen Asylantrag.

Claudia Freund

Auf der Flucht

der Weg ist
       lang
          lang
             lang

Kinder weinen

Mütter sind
       erschöpft
          erschöpft
             erschöpft

Irgendwo ankommen

ausruhen

in Sicherheit
       Sicherheit
          Sicherheit

durchatmen

    neue Kraft schöpfen

       für den
          weiten
            weiten
             weiten
               Weg

zum
   Nirgendwo
    Nirgendwo
     Nirgendwo

Ulrike Gerold

Der Traum vom Glück für alle

Am 24. Februar 2022 packt Mikola, ein 13-jähriger Junge in der Stadt Lwiw im Westen der Ukraine, seinen Rucksack. Keinen Urlaubsrucksack, sondern einen Notfallrucksack. Mit Kleidung, Essenskonserven, ein paar Büchern, einem Kartenspiel und vor allem seinem Pass. An diesem Tag hat Russland seine Heimat, die Ukraine, überfallen. In den nächsten Tagen hört Mikola ständig den Luftalarm gellen, er hört die Explosionen, er sieht die Verwüstungen, die zerstörten Häuser, seine Schule, die nur noch eine fensterlose Ruine ist. Er hat Angst. Der Rucksack für seine Flucht steht bereit. Gestern hat er noch ein paar Fotos mit hineingesteckt. Damit er nicht vergisst, wie es vor dem Krieg war.

Am 6. September hat Mikola Geburtstag, ob dann wohl immer noch Krieg ist? Ja, sagen viele, der Krieg wird noch lange dauern. Vielleicht noch sehr lange.

Am 4. Dezember 2021 geht Malala, ein 14-jähriges Mädchen aus Afghanistan, mit ihren Eltern am Hafen von Lesbos ein paar dringend notwendige Lebensmittel einkaufen. Für etwas anderes reicht ihr Geld nicht. Und es ist die einzige Abwechslung, die das Leben im Flüchtlingscamp von Kara Tepe ihnen bietet. Vor einem Jahr ist das Lager in Moira abgebrannt, seitdem ist Kara Tepe ihr Zufluchtsort. Ein provisorisches Camp mit Zelten ohne Heizung, wenig Strom, manchmal fehlt auch das Wasser, und nie gibt es so etwas wie Privatsphäre.

Malala floh mit ihren Eltern aus Afghanistan, als die Taliban die Macht übernahmen. Ob Malala im September, wenn Mikola Geburtstag hat, immer noch in Kara Tepe sein wird? Das ist sehr wahrscheinlich. Und wenn nicht in diesem, dann in einem anderen Flüchtlingslager, ohne große Hoffnung, dass sich etwas ändert. Sie weiß nicht, was aus ihr werden wird. Aus ihren Eltern, aus den anderen im Lager. In ihr Land zurückkehren können sie nicht.

Auch Ahmed lebt in einem Lager. Ahmed ist acht, vor zwei Jahren hat er mit seinem Vater und seinen sechs Geschwistern ihr Dorf in Äthiopien verlassen und sich auf den Weg in eines der vielen Lager gemacht, in dem sie hoffentlich sauberes Wasser, ein wenig Mais- oder Hirsebrei und ein Zeltdach über dem Kopf bekommen würden. Die Dürre hatte ihre Ernte vernichtet, ihr Vieh war verdurstet, seine Mutter an einer schrecklichen Krankheit gestorben. Aber wenigstens war es schnell gegangen, sie hatte nicht mehr erleben müssen, wie marodierende Banden ihr Dorf angezündet hatten.

Ebenso wenig wie 23 Millionen andere Menschen in Äthiopien, Somalia, Kenia und vielen weiteren Ländern leiden Ahmed und seine Familie unter extremem Hunger.

Ob sie inzwischen einen Ort gefunden haben werden, an dem es besser ist? Eher nicht, auch wenn sich viele Organisationen wie die FAO (die Welternährungsorganisation der UN), Brot für die Welt oder Save the Children für die Not leidenden Menschen einsetzen, können sie trotzdem nicht für alle Hungernden eine ausreichende Ernährung gewährleisten.

Warum berichte ich von Mikola, Malala und Ahmed? Was haben ihre Schicksale gemeinsam?

Der amerikanische Präsident Joe Biden sagte in seiner ersten Rede während der Generaldebatte vor der UN-Vollversammlung im September 2021: »Wir schließen das Kapitel von 20 Jahren Krieg und eröffnen ein neues Kapitel intensiver Diplomatie, indem wir Verbündete und Partner und Institutionen zusammenbringen, um die großen Herausforderungen unserer Zeit zu bewältigen.«[1]

Das klingt hoffnungsvoll. Aber ob seine Worte wirklich etwas ändern werden am ewigen Kreislauf von bewaffneten Konflikten, ist fraglich. Auf der ganzen Welt gibt es gewalttätige Auseinandersetzungen, immer neue Konfliktherde entstehen. Trotz der Bitte afrikanischer Präsidenten, die Gewehre schweigen zu lassen, kontrollieren bewaffnete Banden Westafrika und die Sahelzone, in Burkina Faso, Mali, Niger und Nigeria werden täglich Zivilisten angegriffen, verletzt, getötet. Kriegerische Konflikte gibt es auch in Kamerun, dem Tschad, der Zentralafrikanischen

---

[1] Hannoversche Allgemeine Zeitung + rnd, vom 21.09.2021.

Republik, Gewalt herrscht in der Demokratischen Republik Kongo, in Somalia, im Sudan und immer wieder auch in Äthiopien.

Nirgendwo geht es gewaltfrei zu, der Krieg in Syrien ist nicht beendet, ebenso wenig wie die Auseinandersetzungen in Afghanistan. An der indisch-pakistanischen Grenze kommt es immer wieder zu Konflikten, Spannungen in den Grenzgebieten zwischen China und Indien sind an der Tagesordnung. Im Jemen tobt ein Bürgerkrieg, dessen Rivalen aus dem Ausland von Saudi-Arabien oder dem Iran unterstützt werden. Libyen ist ein Pulverfass mit unterschiedlichsten Milizen und starken Migrationsströmen.

Acht Jahre nach der Besetzung der Krim durch Russland hat Russland die Ukraine erneut angegriffen, seit Februar 2022 herrscht Krieg. Russische Truppen stehen auch in Kasachstan bzw. in Syrien. Die Türkei führt Krieg in den kurdischen Gebieten des Iran. Und in Mexiko haben die Drogenkartelle das Land mit Gewalt übersät und machen »ein ganz normales Leben« für viele Menschen unmöglich.

Habe ich ein Land, eine Region vergessen? Bestimmt! Fast scheint es, als wäre es einfacher, die Gegenden aufzuzählen, in denen (noch) keine kriegerischen Auseinandersetzungen stattfinden.

Doch in den Geschichten von Mikola, Malala und Ahmed geht es nicht allein um die Abwesenheit von Frieden. Es ist viel mehr, es ist die Abwesenheit von Schutz, von Sicherheit.

Was bedeutet Sicherheit? Wie wird Schutz definiert? Einige Menschen benutzen den Begriff in einem sehr weit gefassten Sinn, Schutz schließt dann alle Bereiche des Lebens ein, auch die Möglichkeit, zur Schule zu gehen, zu arbeiten, umzuziehen. In der Regel aber geht es um körperlichen Schutz, um die Frage, ob das Land und die Regierung in der Lage sind, die Menschen vor Gewalt und Tod zu schützen.

Weil das aber häufig nicht der Fall ist, gibt es in der Allgemeinen Deklaration der Menschenrechte einen Artikel, der es Menschen erlaubt, ihr Land oder das Land, in dem sie sich gerade aufhalten, zu verlassen – und das Recht zugesteht, auch wieder dorthin zurückzukehren. Ein ergänzender Artikel garantiert Menschen das Recht, ihre Nationalität zu ändern.

Aber immer wieder gibt es Länder, die es ihren Bewohnern untersagen, ihren Wohnort zu wechseln, die die Menschen als »Eigentum« der Nation, des Staates behandeln – Russland ist dabei nur eines von vielen Ländern.

Wenn man aber ein Land verlassen darf, müsste das umgekehrt bedeuten, dass man auch das Recht besitzt, in ein anderes Land zu gehen. Und hier beginnt dann das nächste Problem: Nicht immer sind die Menschen, die ihr Land verlassen und Schutz in einem anderen suchen, dort auch willkommen, selbst dann nicht, wenn es für ihre Flucht Gründe gibt wie die eindeutige Bedrohung ihres Lebens. Oder die Unmöglichkeit, in ihrer Heimat zu überleben.

Doch auch in den nächsten Jahren werden in vielen Regionen dieser Welt Bomben fallen, werden Menschen getötet werden, Soldaten ebenso wie Zivilisten, Erwachsene ebenso wie Kinder – vielleicht weil sie sich den Panzern entgegenstellten, weil sie ihr Zuhause schützen wollten, weil sie um Brot anstanden oder verzweifelt zum nächsten Keller rannten, um Schutz zu suchen. Weiterhin werden Städte verwüstet, werden Ernten vernichtet, junge Soldaten in den Krieg geschickt, Kinder in Armeen gepresst, Frauen vergewaltigt, Menschen eingesperrt, gequält, gefoltert. Weiterhin wird es Hunger, Elend und Flucht geben.

Und angesichts der Bilder in den Nachrichten und wenig Aussichten auf eine friedliche und ›geschützte‹ Zukunft gilt es umso mehr, an den Menschenrechten festzuhalten und die internationalen Institutionen zu unterstützen, die sich über die Grenzen hinweg für ein menschenwürdiges Leben einsetzen. Menschenrechte und Demokratie sind keine Luxusfragen, sondern müssen das Fundament jeder Politik sein. Dass es nicht überall auf der Welt so ist, ist schlimm. Aber da haben nicht die Idee Demokratie oder das Idealbild der Menschenrechte versagt, sondern diejenigen, die aus Gier, Egoismus und Machtstreben glaubten und immer noch glauben, Menschenrechte und Demokratie mit Füßen treten zu können.

Der Schriftsteller Christian Baron hat in seiner Anthologie *Klasse und Kampf* im Vorwort formuliert: »Was von Menschen geschaffen wurde, kann von Menschen verändert werden.«[2] Das gilt ebenso für einen gesellschaftlichen Status, also die Zugehörigkeit zu einer bestimmten Klasse,

---

[2] Maria Barnakow, Christian Baron (Hrsg.), Klasse und Kampf, Vorwort, Berlin 2020, S. 7.

wie die Zugehörigkeit zu einer bestimmten Nation. Dabei müssen wir uns immer wieder klarmachen, dass die Besiedelung unserer Erde in langen, komplizierten und nicht immer risikoarmen Migrations-Etappen verlief. Sesshaftigkeit hat sich im Laufe der Menschheitsentwicklung erst sehr spät herausgebildet – und die Idee von Nationen ist noch sehr viel jünger, es gibt sie erst seit etwa zweihundert Jahren.

Nirgendwo auf der Welt existiert eine ethnisch homogene Bevölkerung. Und doch verhindert ebendieses Nationalgefühl, andere willkommen zu heißen. Jede Einwanderung wird als Problem gesehen, als Bedrohung des eigenen Wohlstandes und zufällig entstandener Privilegien. Es wird unterschieden zwischen *eigenen* und *fremden* Leuten. Dabei war man nur wenige Generationen, oft sogar erst eine Generation zuvor selber noch ein *Fremder*. Und jeder von uns könnte heute, nur ein paar Hundert Kilometer entfernt geboren, ebenso auf der Flucht sein. Übrigens ist gerade Deutschland ein Land, dessen Bevölkerung sich aus vielen Wanderbewegungen zusammensetzt. Und ganz davon abgesehen sind wir, genetisch betrachtet, ohnehin alle Teil der afrikanischen Gen-Vielfalt.

Donald Trump, der Ex-Präsident der USA, benutzte sein Lieblingsmedium zur Einflussnahme und twitterte 2018, Migration gehe einher mit dem Import von Gewalt, Krankheiten und kriminellen Banden.[3] Damit heizte der

---

[3] Donald Trump, Juni 2018 (via Twitter), zitiert nach cnn, s. auch: Johannes Krause, Thomas Trappe: Die Reise unserer Gene, Berlin 2019, S. 230.

Enkel schottischer und pfälzischer Einwanderer nicht nur die Angst vieler Menschen an, sondern auch ihre Wut, ihren Hass auf alle »Fremden«.

Diejenigen, die sich wenig um Grenzen scheren und nicht zu scheren brauchen, sind die multinationalen Konzerne. Sie brauchen zur Ausbeutung von Bodenschätzen und Arbeitern keine Grenzen, aber durch die menschenunwürdigen Bedingungen, die sie schaffen, tragen sie dazu bei, dass es massive Gründe gibt, sein Heimatland zu verlassen. Nicht nur Kriege, Gefängnis, Folter und Armut bedeuten eine Bedrohung, sondern ebenso auch ökologische Katastrophen und Ausbeutung. Wobei das eine häufig genug das andere bedingt oder zur Folge hat.

Eine Welt der offenen Grenzen würde allen Menschen die gleichen Rechte zubilligen, auch das Recht auf Bewegungsfreiheit. Und warum sollte das, was die amerikanische Verfassung ihren Bürgern verspricht, das Recht auf das Streben nach Glück, nicht auch für jemanden gelten, der aus Mexiko kommt, aus Guatemala, aus China, aus Afghanistan, aus dem Kongo, aus Somalia oder aus der Ukraine?

Je mehr Kriege, Elend und Hunger zunehmen und die Klimakatastrophe ganze Landstriche unbewohnbar macht, umso mehr Menschen werden fliehen, in der Hoffnung und mit dem Traum, in einem anderen Land besser leben zu können, nicht hungern zu müssen, keiner Gewalt ausgesetzt zu sein. Träume sind Fluchtwege zu einer menschenwürdigeren, gerechteren, erträglicheren Welt – das hat der Schweizer Soziologe Jean Ziegler gesagt, ein Kritiker der Globalisierung und Sonderberichterstatter für das Recht auf Nahrung in der Menschenrechtskommission der Vereinten Nationen.

Es ist schlichtweg gelogen, wenn es heißt, das Boot sei voll. Wir müssen aber begreifen, dass wir kein Recht auf unseren Wohlstand und unsere Privilegien haben, solange wir nicht bereit sind, anderen die gleiche Sicherheit und den gleichen Schutz zuzugestehen. Und die eigentliche Völkerwanderung steht uns noch bevor![4] Nicht nur vor Kriegen, Hunger und Elend werden weiterhin Menschen flüchten müssen, sondern es wird auch Millionen von Klimaflüchtlingen geben, deren Länder nicht länger bewohnbar sind, die ein neues Zuhause suchen. Solange wir jedoch die Idee der Nation als Festung benutzen, um Menschen nicht über unsere Grenzen zu lassen, solange werden folgerichtig auch die gewaltsamen Auseinandersetzungen auf dieser Welt zunehmen. Noch mehr verzweifelte Menschen werden versuchen, Mauern und Zäune niederzureißen – und Länder und Nationen werden ihren vermeintlich gefährdeten Wohlstand mit Polizisten, Soldaten, Waffengewalt verteidigen müssen.

Im Buch *Die Reise unserer Gene* sagen die Autoren Johannes Krause und Thomas Trappe: »Die Reise der Menschen wird weitergehen. Wir werden an Grenzen stoßen. Und diese Grenzen nicht akzeptieren.«[5]

---

[4] Vgl.: UNO-Flüchtlingshilfe: Zahlen & Fakten zu Menschen auf der Flucht. URL: https://www.uno-fluechtlingshilfe.de/informieren/fluechtlingszahlen (aufgerufen 15.12.22).

[5] Johannes Krause, Jens Trappe: Die Reise unserer Gene, Berlin 2019, S. 256.

»Nicht akzeptieren können« trifft es mittlerweile wahrscheinlich besser.

Aber schon 1797 träumte der junge französische Revolutionär Gracchus Babeuf in der Nacht vor seiner Hinrichtung in einem Brief von jenem Tag, »da die Menschen wieder darüber nachdenken werden, wie der Menschheit jenes Glück beschert werden kann, das wir ihr in Aussicht gestellt haben«.[6]

Mikola, Malala und Ahmed, die Kinder, von denen ich am Anfang gesprochen habe, wünschen sich nichts sehnlicher, als etwas zu essen. Ein Zuhause. Frieden. Und auch ich träume von einem gemeinsamen Glück für alle. Es ist an der Zeit, aufzustehen und sich dafür einzusetzen, dass der Traum Wirklichkeit wird.

---

[6] Gracchus Babeuf, zit. nach Jean Ziegler, Ich habe einen Traum, ZEIT Nr. 47, vom 17.11.2005.

Imre Török

An der Grenze

Der Staub nach dem nächtlichen Sandsturm aus Wüsten-
regionen Mesopotamiens schwebte noch in der Luft. Die
Morgensonne schien matt.

Der kurdische Arzt Roda und ich saßen auf Plastikstüh-
len vor der schlichten Imbissstube am Eingang des Flücht-
lingscamps. Wir tranken Tee und unterhielten uns wie so
oft über den Krieg, der unüberhörbar auf der syrischen
Seite der Grenze Leben auslöschte.

Die Schlacht um die Stadt Kobanê.

Roda arbeitete im nahen städtischen Krankenhaus und
kam jeden Tag ins Camp, um verletzte Kriegsflüchtlinge in
den Zelten zu versorgen. Dadurch haben wir uns während
meines Aufenthalts kennengelernt, nachdem ich bereits
einige Zeit im Camp mitgearbeitet hatte.

»Es ist grauenhaft, wozu religiöser Wahn führen kann«,
sagte ich zu Roda.

»Letztlich geht es nicht um Religion in diesem Krieg«,
schüttelte er den Kopf.

»Aber was treibt den IS zu dieser Brutalität an?«, fragte
ich. »Sie ziehen mordend, plündernd, vergewaltigend
durch die Dörfer und wollen nun Kobanê auslöschen. Sind

das Nationalisten, religiöse Fanatiker oder beides, die sich in diesem sogenannten ›Islamischen Staat‹ versammelt haben?«

»Die einzige Motivation der Angreifer ist grenzenloser Hass«, meinte der Arzt. »Sie hassen alles, was anders ist als sie. Lebensweise, Demokratie, Menschenrechte. Sie verachten Menschlichkeit und das moderne Leben überhaupt. Und sie kämpfen für ein Weltbild, das längst in der Mottenkiste der Geschichte verschwunden sein sollte. Ein grauenhafter Kampf des Alten gegen Neues.«

»Und all dieses Barbarische geschieht unter dem Deckmantel eines zukünftigen Friedens und Heilsversprechens«, merkte ich an.

»Ja. Und dennoch verkünden sie tatsächlich Unfrieden, ein heuchlerisches Heil. Pures Unheil. Sie sind Täter und führen einen Angriffskrieg. Diese von Männlichkeitswahn erfüllten Monster. Ihr Weltbild ist faschistisch. Ihre Verlogenheit stinkt zum Himmel. Und die wollen der Welt erzählen, dass sie Heilsbringer seien? Eine abgrundtiefe, satanische Perfidie«, meinte Roda.

»Krieg bleibt wohl ewig der Vater aller Dinge«, sagte ich lakonisch, eher fragend.

»Ich denke«, sinnierte der Arzt, »dass der griechische Philosoph Heraklit etwas anderes mit dem Satz gemeint hat, dass der Krieg der Vater aller Dinge sei. Gegensätze allgemein, die sich sozusagen bekriegen. Und sicher billigte er nicht etwas, was wir hier Tag für Tag erleben, was die Opfer erleiden.«

Roda nippte an seinem Teeglas. In seinen Augen sah ich,

wie übermüdet er war. Trotzdem huschte etwas Heiterkeit über seine unrasierten Gesichtszüge.

»Überhaupt sollten wir endlich anfangen, nach der Mutter aller Dinge zu fragen.«

Wir wurden unterbrochen.

Eine junge Frau setzte sich neben den Arzt.

Sie musterte mich kurz, schaute dann fragend den Arzt an. Roda nickte, was bedeuten sollte, dass ich vertrauenswürdig sei.

»Doktor, du wirst leider noch mehr Arbeit bekommen. Wir müssen heute schon tagsüber rüber«, sagte sie zu Roda.

Der schaute sie ungläubig an.

»Das ist Wahnsinn.«

»Es wird klappen, Doktor. Wir haben alles organisiert. Die türkischen Grenzposten schauen weg. Sie bekommen das doppelte an Bestechungsgeld als bei nächtlichen Aktionen. Es geht gerade nicht anders. Zu viele Verletzte. Außerdem haben die Verteidiger kaum noch Munition. Wir müssen den Transport bei Tageslicht wagen.«

Spontan bot ich meine Hilfe an.

Sie schaute verdutzt.

Roda gab ihr nun wörtlich zu verstehen, dass sie mir vertrauen könne.

Die Frau schüttelte trotzdem den Kopf.

»Du kannst sterben.«

»Glaubst du, ich bin ein Feigling?«

Mit dieser Frage habe ich ihr anscheinend jedes Gegen-

argument aus den Segeln genommen. Noch immer kopf-
schüttelnd meinte sie, dass sie mich in einer halben Stunde
abholen würde.

»Vielleicht«, fügte sie hinzu.

»Du bist Reporter?«, fragte die junge Frau, nachdem sie
wiedergekommen war. Sie trug Turnschuhe, Jeans und ein
rot-weiß-grün gestreiftes T-Shirt.

»Sie haben sich erkundigt?«, fragte ich zurück.

»Das müssen wir«, antwortete sie mit einem milden Lächeln, nun auf Deutsch, »ich heiße übrigens Felek. Wir
können uns duzen, Adam.«

»Ein schöner Name. Die meisten kurdischen Vornamen
haben eine Bedeutung. Deiner auch?«

»Felek heißt das Leben.«

Ich erzählte Felek kurz, während wir dorthin liefen, wo
die Fahrzeuge bereitstanden, dass ich ursprünglich tatsächlich für Reportagen über Flüchtlingsschicksale gekommen
sei. Ich hatte mich aber entschlossen, länger zu bleiben.
Wie hätte ich dieses Menschenelend betrachten, beschreiben und gleich wieder zurück in die sichere Heimat fahren
können? Zumal wenn im Flüchtlingscamp gerade jede hel-
fende Hand gebraucht werde.

Sie nickte zustimmend, aber ich sah in ihrem Gesichts-
ausdruck, dass ich ihr nichts Neues erzählt habe.

Wir kamen bei den Fahrzeugen an. Zwei Krankenwa-
gen, vier Lastwagen und ein Jeep.

Felek setzte sich ans Steuer des Jeeps und bot mir den
Nebensitz an.

Wir fuhren einen Umweg. Kobanê lag in Sichtweite, zumindest sahen wir den Rauch über der Stadt aufsteigen, hörten jeden Tag Detonationen.

Den direkten Weg über die Grenze konnten wir jedoch nicht nehmen, der wurde zu gründlich bewacht. An einer Stelle bei einem Waldstück bogen wir in einen Feldweg, der in den Wald führte.

»Es interessiert mich schon, was zum Teufel ein Deutscher hier wirklich verloren hat.«

»Du traust mir noch immer nicht ganz?«

Felek schmunzelte.

»Wem kann man in dieser Welt Vertrauen schenken? Wahrlich nicht sehr vielen Menschen. Also warum wirklich?«

»Das ist eine sehr lange Geschichte. Ich erzähle sie dir gern nach unserer Rückkehr.«

»Gibt es auch eine Kurzform deiner Geschichte?«

»Ja. Meine Freundin ist Kurdin.«

»Ah, das verstehe ich. Warum nicht gleich?«, antwortete sie und konzentrierte sich auf die Fahrt auf dem holprigen Feldweg.

»Du sprichst einwandfrei Deutsch«, merkte ich an, als Felek gerade wieder einhändig fahren konnte.

Sie lachte auf.

»Adam, ich komme wie du aus Deutschland.«

Jetzt schaute ich höchst verwundert.

Wir passierten problemlos die dort jetzt tatsächlich unbewachte Grenze. Die Explosionen waren deutlicher zu

hören. Raketen des IS schlugen in der Stadt ein, deren Au-
ßenbezirke wir bereits klar erkennen konnten.

»Ich bin als Kind kurdischer Eltern in Potsdam geboren«,
fuhr Felek fort, »und studiere dort, wo du wohnst.«

»In Berlin? Unglaublich. Es interessiert mich jetzt aber
schon, was zum Teufel jemand aus Potsdam wirklich hier
verloren hat«, scherzte ich.

Felek verstand meine leicht ironische Retourkutsche
und ließ wieder ihr gewinnend helles Lachen ertönen.

»Eigentlich nicht schwer zu verstehen, warum eine Kurdin ihr Studium unterbricht, um hierherzukommen, wenn
ein Vernichtungskrieg gegen unser Volk geführt wird.«

»Und was studierst du, wenn ich fragen darf.«

»Pädagogik. Kindheitspädagogik.«

Wir erreichten die ersten Häuser von Kobanê, die am
Stadtrand auf dieser Seite noch nicht zerbombt waren.
Aus allen anderen Richtungen hatte der mörderische IS
die Stadt bereits eingekesselt und war fast bis zum Zentrum vorgedrungen. Es tobte ein Kampf auf Leben und
Tod. Nicht selten benutzen wir die Redewendung leicht-
fertig, oberflächlich. Hier war sie Realität. Ich mochte
nicht weiter darüber nachdenken.

»Was hat dich bewogen, gerade dieses Fach zu studieren?«

»Ganz einfach. Kinder. Hast du mal was von dem Kin-
derarzt, Pädagogen und Autor Janusz Korczak gelesen?«

Ich überlegte kurz und musste verneinen.

»Das solltest du aber. Eines seiner Bücher heißt *Wie man
ein Kind lieben soll*. Ein bewundernswerter Mensch, der

polnische Jude Korczak. Er wurde in einem deutschen KZ umgebracht. Vergast. Ich weiß nicht, ob es stimmt, aber man sagt, dass er zusammen mit den Kindern, die er bis zuletzt betreut und denen er selbst in der Gaskammer noch vorgelesen hat, gestorben ist. Verstehst du nun tiefgründiger, Adam, warum eine Studentin ihr Studium abbricht und hierherkommt? Ich verabscheue Krieg und Gewalt. Aber wie können wir tatenlos zusehen, wenn sich erneut faschistischer Wahnsinn anschickt, die Welt in eine Hölle zu verwandeln? Die Lastwagen hinter uns transportieren Lebensmittel, Medikamente. Und Munition. Diese Mischung ist grauenhaft.«

Sie stockte.

»Von der Pädagogikstudentin zu einer Kriegsteilnehmerin. Schauderhaft.«

Ich schwieg betroffen.

»Das sage ich dir im Vertrauen. Nur wenige wissen davon. Ich habe mich zu einer Soldatin ausbilden lassen. Trete aber auf der türkischen Seite der Grenze nur in Zivil auf. Muss ich dir wohl nicht weiter erklären.«

Wir fuhren jetzt auf einer breiten Straße.

Etliche der Häuser lagen beiderseits in Trümmern. Ein Weiterkommen auf der notdürftig geräumten Fahrspur wurde Meter um Meter schwieriger.

Felek kurvte langsam um die Haufen von Schutt, verkohlten Mauerresten, ausgebrannten Fahrzeugen.

Noch immer wohnten selbst hier einige Menschen und suchten bei Angriffen aus der Luft Schutz in Kellern der einigermaßen intakten Gebäude. Vor einer Backstube standen Frauen um Fladenbrot an. Ihre Männer verteidigten sich und ihre Familien bei aufopferungsvollen Häuserkämpfen in den vor uns liegenden Stadtteilen.

Als Kinder unseren kleinen Konvoi erblickten, liefen sie uns johlend entgegen und begleiteten uns winkend.

Sie sollen in diesen Tagen evakuiert werden, meinte Felek. Die Verteidigung von Kobanê drohe zusammenzubrechen. Auch die Frauen wolle man in sichere Regionen bringen. Sie seien jedoch nur schwer zu bewegen, ihre kämpfenden Ehemänner zu verlassen.

»Aber irgendwann werden wir in einem Straßencafé in Kreuzberg sitzen. Deine Freundin, du und ich. Wir werden Cappuccino trinken, einen feinen Kuchen mampfen, und in der Fußgängerzone spielen Kinder. Ich möchte einmal auch zwei oder drei süße, freche Balgen haben«, wechselte Felek das Thema, wohl um sich und mich vom Geschehen um uns abzulenken.

»Das Leben könnte eigentlich wundervoll sein«, fügte sie mit einem leicht melancholischen Tonschlag hinzu und fuhr wieder höchst konzentriert.

»Wir sind gleich an der Übergabestelle. Dort wird abgeladen, und wir nehmen Verwundete zurück. Du kannst dabei helfen. Auch Tote werden wir transportieren. Aber da musst du nicht anpacken.«

Ich wusste um die Beerdigungen auf der anderen Seite der Grenze. Hörte oft die Klagelieder, das Wehklagen der Frauen bei den täglichen Beisetzungen der Gefallenen auf dem neu errichteten Friedhof in der Nähe der Flüchtlings-camps. Die gleiche, von der Sonne ausgetrocknete, sandig krümelige Erde, hüben und drüben.

Plötzlich erschütterte eine Detonation mit solcher Wucht die Umgebung, dass sie selbst in unserem Fahrzeug zu spüren war.

Felek stoppte den Jeep und wir warteten ab.

Aus einem Gebäude, um die hundert Meter vor uns, sahen wir eine Staubwolke aufsteigen. Schwarzer Rauch quoll aus dem Gemäuer. Erste Flammen züngelten unter dem flachen Dach des einstöckigen Hauses hervor.

Zornesröte überzog Feleks Gesicht.

»Diese Barbaren bombardieren seit Tagen ununterbrochen die Zivilbevölkerung!«

Sie drehte sich zu mir. Ihre Augen schimmerten feucht.

»Ich hoffe, die Alliierten machen der fanatischen Mörderbande schnellstens den Garaus. Sollen sie alle verrecken, diese Monster.«

Sie holte tief Luft, es hörte sich wie Seufzen an.

»Entschuldige meine Worte, bitte. Ich rede sonst nicht so. War niemals rachsüchtig. Aber diese faschistischen IS-Horden …«

Sie sprach den Satz nicht zu Ende. Wir hörten Geschrei aus Richtung des von der Rakete getroffen Wohnhauses.

Felek stieg aus, zögerte einen Moment und lief los. Ich sprang auch aus dem Wagen und eilte ihr hinterher.

Aus der Nähe war deutlich zu vernehmen, dass Geschrei und Gejammer aus dem brennenden Gebäude nach außen drangen.

Felek lief sehr schnell, sie sprintete. Ihre Füße berührten kaum den Boden.

Sie flog geradezu. Und ihre Zöpfe baumelten hin und her.

Eine Frau wankte aus der Tür des armseligen, niedrigen Hauses. Ihr buntes Kleid trug schwarze Flecken. In ihren Armen hielt sie ein kleines Kind

Ihre Gesichter voll Staub und Ruß. Beide husteten.

Felek hatte sie vor mir erreicht und zog sie weiter weg vom Einschlagsort der Brandbombe. Die Frau schrie, klammerte mit einem Arm das Kind an sich und zeigte wild fuchtelnd aufs Haus.

»Mein anderes!«

»Lauf. Lauf weg!«, stieß Felek sie an.

Sie sprang zum Hauseingang.

»Felek! Nein! Nein!«, rief ich aus Leibeskräften.

Sie verschwand im Qualm hinter der demolierten Haustür.

Das Dach barst, stürzte krachend ein. Die Vorderfront des Hauses brach mit zischendem Getöse in sich zusammen.

Erst kurz vor Sonnenuntergang machte sich unser Konvoi auf den Rückweg. Einzelne Bäume entlang der Ausfallstraße warfen merkwürdig lange Schatten. Das Wäldchen vor uns, durch das wir gleich fahren würden, wirkte düster.

Mit noch immer brennenden Augen fuhr ich den Jeep. In einem der Lastwagen lagen in schwarzen Plastikhüllen die jüngst Gefallenen von Kobanê.

Eine von ihnen Felek.

Safiye Can

Vor der Welt

Wenn ich mich doch verstecken könnte
vor der Welt
hinter deinem Rücken
nur hervorlugen manchmal
um zu schaun, bloß um zu schaun
ein bisschen
ob dort in der Ferne auch Blumen blühn
weiterhin.

Wenn ich doch den Menschen anlächeln könnte
und damit nehmen all seinen Kummer
und beschützen könnte wiederum das Tier
vor dem Menschen
das zerbrechlichste Insekt, den wuchtigsten Elefanten.

Wenn ich mich doch vor der Welt
verstecken könnte
mit einem Handstand, einfach so
die Augen schließen und wissen
für einen Moment, wissen nur:
da draußen gibts keinen Krieg, nirgendwo

der Mensch tötet keine Menschen
der Mensch tötet kein Tier
überhaupt wird nicht getötet
nicht billigend in Kauf genommen
und es gibt keine Habgier.
Und laut lachen könnte
da alles andere absurd
so dermaßen ab-solut ab-surd wäre.

Wenn ich mich doch vor der Welt
verstecken könnte
in einer Wolke vielleicht
nur hervorlugen manchmal
um runter zuschauen, bloß um zu schaun
ein bißchen
ob da unten Kinder auch Sandburgen bauen
Bienen fliegen, Robben schwimmen
weiterhin.

Wenn ich mich doch verstecken könnte
vor der Welt
hinter deinem Rücken
nimmer zerbrechen würde an der Realität
die Realität zerbräche
an unser aller Liebe.

Inge Bell

Krieg und Frieden für Frau Müller

Februar 2007 –
irgendwo in Deutschland

Manchmal wird sie ganz steif und knallt dann einfach der
Länge nach hin. Wie immer Notarzt, Krankenhaus. Wie
immer stellt man dort fest, dass keine organische Ursache
für diese Ganzkörperkrämpfe vorliegt. Frau Müllers
Krampfanfälle müssen einen psychosomatischen Hintergrund haben, sagen die Ärzte immer wieder, also dass ihre
seelischen Leiden auch den Körper krank machen, so wie
ihre rasenden Kopfschmerzen und das schon chronische
Bauchweh. Doch das will Frau Müller nicht wahrhaben.
Anna Müller hieß früher Anna Nicolescu. Sie ist Rumänin,
lebt seit 2002, seit fast 5 Jahren, irgendwo in Deutschland.
Mit ihrem Mann, mit ihrer elfjährigen Tochter Larissa aus
erster Ehe und ihrem vierjährigen Töchterchen Jana aus
dieser zweiten Ehe mit Herrn Müller. Sie haben es nett in
ihrer Wohnung: Einbauküche, Polstermöbel, großer Fern-
seher. Doch Larissa hat immer wieder schlimme Wutan-
fälle, schlägt mit ihrem Kopf gegen die Wand, tritt Türen
ein. Und Jana kratzt in ihrem Zimmer mit ihren kleinen
Fingerchen stundenlang die Tapete von den Wänden.

Frau Müller war Zwangsprostituierte, als sie noch Frau Nicolescu war.

Dezember 2000 – ein Bordell in Nord-Mazedonien.

Unten die Stripteasebar: Marmor, Spiegel, Pole-Dance-Stangen, plüschige Sofas. Oben ein langer Gang, acht Zimmer rechts und links. In jedem Zimmer Mädchen oder junge Frauen aus ganz Osteuropa – aus Rumänien, Bulgarien, Moldawien, der Ukraine. Sie sind nicht freiwillig hier, sie werden hier zur Prostitution gezwungen. Für Soldaten. Denn es gab Krieg im Nachbarland – Krieg im Kosovo, Krieg ums Kosovo. Der ist zwar gerade vorbei – aber genau deshalb sind jetzt viele Soldaten hier in Nord-Mazedonien, ganz dicht an der Grenze zum Kosovo. Tausende Soldaten sind hier stationiert, sie kommen aus Deutschland, Österreich, England, Frankreich, den USA. Und sie sollen jetzt den Frieden sichern. Und das kaputte Land Kosovo wieder aufbauen. Und für Sicherheit und Menschenrechte sorgen.

Und sie gehen in die vielen Bordelle, die während des Kriegs wie Pilze aus dem Boden geschossen sind. Bordelle, in denen Mädchen und Frauen gezwungen werden, den Soldaten zu Diensten zu sein – an den Pole-Dance-Stangen für sie zu tanzen, Striptease für sie zu machen, mit ihnen auf die Zimmer zu gehen und für Sex zur Verfügung zu stehen. Sie können nicht entkommen, sie sind eingesperrt.

Das Bordell ist gesichert, mit Stacheldraht und hohen Mauern umzäunt, die Fenster in den Zimmern im ersten Stock sind mit schweren Gittern versperrt, die Balkontüren mit Brettern zugenagelt. Es gibt kein Entrinnen für sie.

Auch nicht für Anna aus Rumänien, Anna Nicolescu. Die zierliche junge Frau mit kurzen dunklen Haaren ist seit sechs Monaten hier eingesperrt, zusammen mit der blonden Maria aus Moldawien, beide junge Frauen müssen sich ein enges Zimmer teilen, in dem sie auch mit den Soldaten Sex haben. Beide junge Frauen sind unzertrennlich, seitdem sie Monate zuvor gemeinsam von einem Albaner in einem Hinterzimmer in Serbien hierher an den Zuhälter Petar nach Mazedonien verkauft wurden.

Februar 2007 –
zurück im müllerschen Wohnzimmer

Anna Müller sitzt auf ihrer Plüsch-Couch und erinnert sich: »Wir wurden von den Zuhältern erst im Wald festgehalten, zu mehreren Mädchen, wir haben da nichts zu essen bekommen. Irgendwann sind wir zu Fuß vom Zuhälter durch den Wald getrieben worden, wieder nichts zu essen, dann von Auto zu Auto verfrachtet worden mit verbundenen Augen. Der Zuhälter hat gesagt, wenn wir schreien oder reden, würde er uns auf der Stelle umbringen und verscharren. Dann wurden wir in ein stinkendes Fischerboot geworfen, wie die Tiere, gefesselt an Händen und Füßen, sind über die Donau gefahren worden. Erst war ich bei einem Albaner, der hat mich verkauft hierher.

Bei ihm musste ich auf dem Boden schlafen, mit vielen anderen Mädchen, alle auf dem Boden, da haben wir auch gegessen, wenig Essen, du musstest dich mit den anderen ums Essen streiten, es reichte nie. Wir haben psychisch gelitten, die Albaner gaben uns immer nur einen Teller für uns elf Frauen und Mädchen. Und dann haben sie uns immer gerufen: Ihr Nutten, kommt schon her! Und haben uns gezwungen, zu putzen, zu waschen. Einmal sollte ich die Intimwäsche der Familie per Hand mit kaltem Wasser waschen, und als ich sie fertig hatte, kam die Frau des Albaners und steckte sie vor meinen Augen in die Waschmaschine. Es war nur Psychoterror. Wir wurden dann weiterverkauft von Haus zu Haus, von Zuhälter zu Zuhälter, wie Sklaven. Das war irgendwo in Mazedonien, ich weiß nicht, wo genau, ich wusste nicht einmal, dass es Mazedonien ist.«

Dezember 2000 –
Annas Zimmer im Bordell in Nord-Mazedonien.

Ich treffe Anna Nicolescu damals Ende 2000 in jenem Bordell in Mazedonien, in dem kleinen Zimmer mit vergitterten Fenstern. Denn ich bin Journalistin und berichte für die ARD aus Südosteuropa und eben auch aus dem Kosovo-Krieg. So stoße ich auf diese unfassbare Menschenrechtsverletzung: Dass Soldaten, die eigentlich Menschenrechte sichern sollten, ebendiese verletzen. Dass Soldaten, die Frieden sichern sollen, Menschen in Verzweiflung und Vernichtung stoßen. Frauen wie Anna und Maria zum

Beispiel, die nur für diese Soldaten in der Sex-Sklaverei gehalten werden. Anna darf mir damals ein Interview geben, denn Zuhälter Petar erlaubt es gern: Er verspricht sich einen Werbeeffekt bei den deutschen Soldaten, seinen Kunden, wenn sein Bordell in der ARD gezeigt würde. Aber sicherheitshalber kommandiert er die Puffmutter ab, mit dabei zu sein beim Interview mit Anna. Frei reden kann Anna also nicht. Trotzdem frage ich sie, wie es ihr denn so geht, hier bei Petar.

Anna Nicolescu antwortet mir damals: »Ich fühl mich gut. Ich kann es kaum glauben, dass ich herauskomme hier, dass ich bald zu Hause sein kann.«

Ich frage verdutzt: »Das heißt, du darfst nach Hause?«

Anna: »Ja, ich werde mit der Hilfe meines Chefs zurückgehen, es ist ein wunderbarer Mensch, ein Mensch mit Herz, er wird mich begleiten, um zu sehen, ob alles in Ordnung ist. Ich hätte das nicht gedacht, hatte schon alles Vertrauen verloren. Es war so schwer, aber hier ist es gut, wir haben gute Bedingungen hier, die Menschen haben Herz, es ist wie in einer Familie.«

Ich weiß natürlich: Sie lügt. Sie schwärmt und lobt ihr Gefängnis und ihre Gefängniswärter in höchsten Tönen, ihre weit aufgerissenen Augen aber betteln um Hilfe, während aus ihrem Mund die süßen Worte träufeln. Sie kann, sie darf nichts anderes sagen, die Puffmutter steht in der Tür und unterhält sich mit einer anderen Puff-Gefängnis-Insassin, aber natürlich hört sie genau zu, was wir sprechen. Doch Annas flehende Augen kann sie nicht sehen, Anna sitzt mit dem Rücken zu ihr.

Ende Dezember 2000 lässt Zuhälter Petar die beiden Mädchen Anna und Maria tatsächlich frei, noch vor Weihnachten, wie versprochen. Anna Nicolescu wird von der IOM, der Internationalen Organisation für Migration, in ihre Heimat Rumänien zurückgeflogen, Moldawierin Maria bringt Petar persönlich zum Bus nach Moldawien. Anna hat keinen Pass mehr, der war ihr irgendwann auf dem illegalen Transfer nach Mazedonien abgenommen worden, deshalb muss Petar sie den offiziellen Stellen übergeben – der rumänischen Botschaft in Mazedonien – und kann sie nicht direkt in einen Bus setzen – so wie er es mit Maria gemacht hat. Die hat ihren Pass noch. Beiden gibt er nur ein Taschengeld für die Fahrt mit auf den Weg. Aber Hauptsache, sie sind endlich zu Hause an Weihnachten, bei ihren Familien – nach über einem halben Jahr Trennung.

März 2001 –
Petrosani, Rumänien

Etwas später, im Frühling 2001, treffe ich dann Anna und Maria in Freiheit wieder – in Petrosani, einer trostlosen Kleinstadt in Rumänien, bei Anna zu Hause, in einem heruntergekommenen grauen Wohnblock. Wir haben Kontakt gehalten, ich habe Anna und Maria noch im Bordell meine Handynummer gegeben, und sie meldeten sich, sobald sie in Freiheit waren. Und dann fuhr ich hin, nach Petrosani, in diese triste, arme Stadt. Auch Maria ist aus Moldawien herübergekommen, damit wir endlich frei reden können.

Anna will unbedingt klarstellen, dass sie damals im Bordell nicht die Wahrheit sagen konnte: »Als wir dir im Interview gesagt haben, dass wir heimkämen, da ist der Zuhälter nachher an die Decke gegangen: Wie könnten wir nur sagen, dass wir heimkommen, dass wir uns darauf freuen! Aber für uns war es die Rettung, nur so kamen wir überhaupt viel früher heim als von ihm geplant! Einmal wollten wir fliehen. Er hatte uns ein Zimmer mit Fenster gegeben, weil wir so brav taten, so als ob alles wunderbar wäre und wir uns abgefunden hätten. Die anderen Zimmer waren alle vergittert, damit keine abhaut. Leider hat uns eine andere Insassin verraten. Wir wurden dann verprügelt von der Puffmutter, der Zuhälter hat uns zusammengeschrien. In den nächsten Wochen haben sie uns hungern lassen, sie haben uns das Essen versalzen und dann gesagt, ›ja, warum esst ihr denn nichts? Dann braucht ihr ja auch kein Brot‹ – und sie haben uns nur zwei Scheiben Brot gegeben. Kaffee bekamen wir gar nicht mehr. Aber er hat sehr genüsslich vor unseren Augen Kaffee gekocht und ihn mit der Puffmutter getrunken.«

Anna und Maria bleiben über ihre Bordellzeit hinaus enge Freundinnen. Sie haben ja sonst niemandem, mit dem sie über ihre bitteren Erfahrungen in Mazedonien sprechen können. Niemanden, der ihnen glauben würde, dass sie nicht freiwillig als Prostituierte gearbeitet haben, dass sie entführt, getäuscht, als Sexsklavinnen in die Prostitution gezwungen wurden und dort im Bordell misshandelt und übelst ausgebeutet wurden.

Ein Jahr zuvor, Frühjahr 2000 –
Petrosani, Rumänien

Anna ist in diesem Teufelskreis durch einen Freund in ihrer rumänischen Heimatstadt geraten: Er bietet ihr zunächst Arbeit im Ausland an, was verlockend klingt. Alle aus der tristen Stadt wollen nur eins: weg. Arbeiten wo auch immer. Am besten im Ausland, um die Familie zu Hause zu ernähren. Als der Freund sie aber dann abholt zu einem Vorgespräch mit einem Mittelsmann, da ist von Freiwilligkeit keine Rede mehr: »Ich hatte ein Messer am Hals und eine Pistole vor dem Gesicht.« Anna wird entführt, zusammengeschlagen, in ein Auto gezerrt. Und dann geht sie los, die Odyssee quer durch den Balkan. »Dreißig, vierzig Mädchen habe ich allein in Serbien gesehen, wo wir von Haus zu Haus weitergereicht wurden. Von da wurden wir an die Grenze zu Mazedonien gebracht, da hab ich dann auch Maria getroffen. Sie hatten uns richtiggehend benutzt: Sie wollten dauernd mit uns schlafen, sie haben uns wie Tiere behandelt: ›Was, Brot und Wasser reichen euch nicht!?‹ Das war Psychoterror pur. Und wir konnten nicht weg … ›Ihr werdet schon sehen, wohin ihr kommt. Wenn ihr euch gut benehmt, tu ich euch in eine gute Bar, mit Geschäftsleuten, wenn nicht, kommt ihr in schlechte Bars, wo ihr geschlagen werdet und man nicht so zimperlich mit euch umgeht. Wenn ihr brav seid, kommt ihr nach Mazedonien, wenn nicht, nach Albanien. Und wahrscheinlich wisst ihr, dass ihr von dort nie mehr nach Hause kommt.‹ Wir wurden ausgefragt, woher wir kommen, wie alt wir sind. Wir mussten uns ausziehen, damit die unsere

Körper begutachten, ob wir Operationen haben, Narben. Als ob wir Objekte wären! In Kategorien wurden wir eingeteilt: Die taugt zur Arbeit, die nicht, eine ist hübscher, die kommt dahin, die andere, Hässlichere kommt zu einer anderen Bar, wahrscheinlich mit schlechterer Qualität, oder was weiß denn ich …!«

Nach der »Fleischbeschau« durch die Menschenhändler wird Anna zusammen mit der Moldawierin Maria weiterverkauft. Beide haben wohl noch Glück im Unglück: Sie landen in Petars Bordell in Nord-Mazedonien, dort, wo die deutschen Soldaten stationiert sind. Zuhälter Petar ist als einer der »humaneren« Bordellbesitzer Mazedoniens bekannt, bei der mazedonischen Polizei und bei seinen Stammkunden von der deutschen Friedenstruppe, rund 1.000 Soldaten, die zur Friedenssicherung im angrenzenden Kosovo bestimmt sind. Anna erinnert sich: »Es waren vor allem Soldaten, von der NATO, deutsche Soldaten, sehr anständige. Sie haben uns nicht spüren lassen, dass wir Prostituierte sind. Sie waren aufmerksam und liebenswürdig. Sie haben uns sogar Geschenke gemacht, Goldringe, einen Kassettenrekorder, Süßigkeiten. Sie haben uns auch Essen mitgebracht, eine Stange Salami, ein Päckchen Kaffee, Kekse. Sie kamen mit den Tüten ins Zimmer und haben die dann einfach stehen lassen.«

Doch auch wenn Anna und Maria immer wieder mit Händen und Füßen oder mit dem Wörterbuch ihre deutschen Freier von der Friedenstruppe um Hilfe bitten und ihnen erklären, dass sie nicht freiwillig hier arbeiten, sondern entführt und gezwungen wurden – keiner hilft. Keiner der Männer nimmt sie wirklich ernst. »Na, sie haben schon zugehört. Sie haben auch Anteil genommen, also unsere Stammkunden, meine ich, nur zu denen hatten wir Vertrauen. Aber geholfen haben sie nicht.«

Weihnachten 2000 – heim nach Petrosani, Rumänien

Doch Anna und Maria werden Weihnachten 2000 freigelassen. Anna kommt mit fast leeren Händen nach einem halben Jahr Zwangsprostitution zurück. Zu Hause in Petrosani wartet auf sie das ganze Elend eines Alltags im postsozialistischen Rumänien: ihre kranke Mutter, die seit Jahren nicht mehr aus dem Haus gegangen ist, weil sie sich der Armut schämt und so viele Schulden hat. Die Oma mit einer Rente von umgerechnet 25 €. Der arbeitslose Bruder. Und vor allem ihr kleines, damals sechsjähriges Töchterchen, Larissa. Das Mädchen ist völlig durchgedreht, als ihre Mutter wieder in der Tür steht, sie schreit, heult und versteckt sich. Denn man hat ihr gesagt, dass ihre Mutter tot sei. Über ein halbes Jahr war Anna spurlos verschwunden, alle hatten sie für tot gehalten. Und nun ist sie wieder da – und für ihre kleine Tochter Larissa ist all das zu viel.

März 2001 –
Petrosani, Rumänien

Als ich Larissa das erste Mal sehe – damals, als ich Anna in ihrer Heimatstadt besuche –, merke ich sofort, dass mit der Sechsjährigen etwas nicht stimmt. Sie hat eine schwere Verhaltensstörung, läuft immer nur im Kreis herum, ist aggressiv und unberechenbar – und wird deshalb auch in keinem Kindergarten angenommen. Alle fünf – Anna, ihre Oma, ihre Mutter, ihr Bruder und Larissa – leben zusammen in nur einem Zimmer. Anna hatte dieser Misere durch Arbeit im Ausland ein Ende setzen wollen. Sie erzählt mir: »Ich hätte ja eigentlich Geld gehabt. Ich musste im Bordell erst 2.000 Euro abarbeiten, so viel habe ich angeblich im Einkauf gekostet, dann sagte der Zuhälter, du brauchst doch auch Reisegeld und willst ja nicht mit leeren Händen heimkommen. Insgesamt hab ich eine sehr große Summe zusammengearbeitet, über 5.000 Euro, und davon hat er mir – stell dir vor! – nur 400 gegeben.«

Dieses Geld ist schnell aufgebraucht, Anna ruft aber nicht mehr bei Petar im Bordell an, um ihr Geld zu fordern – nicht aus Angst, nicht aus Stolz, nicht, weil sie nicht betteln will. Sie hat einfach kein Geld, um ein Auslandsgespräch nach Mazedonien zu bezahlen. Und genau damit rechnet ihr Zuhälter ja auch. Nach dem Motto: Gebe ich ihr kein Geld mit, kann sie mir nachher nicht in den Ohren liegen. Anna steht vor dem Nichts. Um viele schlechte Erfahrungen reicher, um viele Illusionen ärmer. Ausland – das heißt für sie: Horror. Denn sie wird nicht nur um ihr

Geld betrogen, nicht nur ihr Körper wurde ausgebeutet. Zerstört sind Zuversicht und Hoffnung, aus eigener Kraft etwas gegen das Elend und für die Zukunft ihrer Tochter Larissa tun zu können. Larissa bräuchte Therapie, doch weder gibt es in der tristen Kleinstadt spezielle Therapeuten noch hat Anna das Geld dafür.

2001/2002 Rumänien – Deutschland

Dann lernt Anna Herrn Müller kennen, einen Deutschen auf Urlaub in Rumänien, und es entwickelt sich eine zarte Romanze über die Ländergrenzen hinweg – und die Freundschaft wird immer fester, es wird eine Liebe. Herr Müller weiß alles über Annas Vergangenheit, doch das spielt für ihn keine Rolle. Die beiden heiraten 2002, aus Anna Nicolescu wird Anna Müller – und Anna und Tochter Larissa ziehen nach Deutschland. Ein gutbürgerliches Leben in einer deutschen Kleinstadt – und dann auch noch das gemeinsame Wunschkind, Jana. Eigentlich eine perfekte Familie, denn Anna und ihr Herr Müller führen zunächst eine sehr glückliche Ehe. Getrübt wird das häusliche Glück nur immer wieder durch Annas Anfälle, durch ihre Ganzkörperkrämpfe, ihre Kopfschmerzattacken, ihr Bauchweh, ihre Schlaflosigkeit.

Februar 2007 –
zurück im müllerschen Wohnzimmer

Herr Müller weiß, dass seine Frau eine Therapie braucht, er weiß, dass die Schatten der Vergangenheit sie immer wieder jagen und einholen, er weiß, dass der Krieg in seinem Wohnzimmer ist, dass die Kriegserlebnisse seiner Frau mit ihr auf der Couch sitzen und mit beiden im Ehebett schlafen – aber Anna weigerte sich beharrlich, eine Therapie zu beginnen, etwas gegen diesen persönlichen Krieg im Kopf zu tun. »Ich brauche keinen Psychologen, ich werde schon allein damit fertig, das kann eh keiner kapieren hier in dem geordneten Deutschland, wo man sich so etwas gar nicht vorstellen kann, was mir passiert ist!« Aber die Anfälle kommen immer öfter, die Notärzte auch – und vor allem tobt und prügelt jetzt nicht nur Larissa, sondern auch die kleine Jana beginnt, verhaltensauffällig zu werden: Mit vier Jahren beginnt sie, mit ihren Fingerchen die Tapeten von den Wänden ihres Kinderzimmers abzukratzen.

2014 –
in Janas Kinderzimmer

Mit elf schneidet Jana sich die Pulsadern auf. Ihre Mutter Anna und ihre Schwester Larissa finden sie – Jana hat Glück und überlebt. Doch das ist der endgültige Tiefpunkt nach Jahren der Hölle: Denn der Krieg hat irgendwie nie aufgehört, er steckt fest in den Köpfen von Anna, Larissa und Jana – und in ihren Körpern. Auch wenn sie in Sicherheit sind, in einem geordneten Deutschland, in der heilen Welt einer gutbürgerlichen Wohnung. Auch wenn Jana selbst in Deutschland geboren und aufgewachsen ist – die Kriegserlebnisse ihrer Mutter Anna, die Gewalt, die sie in der Zwangsprostitution in Mazedonien erlebte – das überträgt sich auf die Tochter.

2022 –
irgendwo in Deutschland

Heute ist alles anders. Anna lässt sich helfen. Sie begibt sich in Trauma-Therapien – denn es gibt spezialisierte Therapien genau für die Menschen, die Gewalt, Krieg, Folter und Terror überlebt, aber nicht überwunden haben. Und es geht ihr heute wirklich gut. Die Erlebnisse und Erinnerungen können nicht ausgelöscht werden, aber Anna hat gelernt, sie im Griff zu haben und sich nicht mehr von ihnen beherrschen zu lassen. Und sie hat dadurch auch den Weg frei gemacht für ihre Töchter. Jana wird zeitweise in einer betreuten Jugend-WG untergebracht. Sie lernt, ihren Schmerz, ihre Wut und ihre Trauer zu akzeptieren und ihr eigenes Leben zu leben – und sie lernt einen Beruf, Jana wird Grafikerin. Auch Larissa, Annas große Tochter, hat sich mittlerweile helfen lassen, hat mit therapeutischer Hilfe den zweifachen Schock überwunden, den sie mit sechs erlitt: Als man ihr sagte, ihre Mutter sei tot – und als dann ihre Mutter ein halbes Jahr später plötzlich wieder lebendig vor ihr stand. Larissa hat heute selbst ein Kind, einen kleinen Jungen. Sie leitet einen Supermarkt.

Nur Herr Müller ist weg – Frau Müller und er sind heute geschieden. Den Krieg in seinem Wohnzimmer hat er einfach nicht verkraftet.

Claudia Freund

Fünf ratlose Gedanken

I. Kriegsherren
Wenn es um Macht und
falschen Stolz geht
müssen junge Menschen kämpfen
während es die
Schuldigen bequem haben

Wie können sie noch ruhig
schlafen beim Anblick
der vielen Toten
die ihr Schicksal
nicht selbst wählen konnten

Sie füttern die Menschen
mit Lügen
das ist oft das Letzte
das sie bekommen
bevor es nichts mehr zu essen gibt

Krieg kennt nur Verlierer
Die Toten kommen nicht zurück

Die Narben heilen langsam oder nie

Zerschlagene Häuser und Seelen
für das Ego einzelner Despoten

II. Kriegsnacht

Ich höre dein Weinen in der Nacht
Angst hat dich um den Schlaf gebracht

Wieder heulen die Sirenen
Bomben krachen laut

Schnell mit den Kindern
in den Bunker
Festhalten = eigene Angst verbergen

Beten
Hoffen
Warten

Frierend am Boden
Unterdrücktes Schreien

Sind Mann und Bruder
noch am Leben
oder schon getroffen

Was ist
Was bleibt

Ich höre dein Weinen in der Nacht
Angst hat dich um den Schlaf gebracht

Das Böse
ist erwacht

Es kam wie
meistens in der Nacht

Es spricht mit Waffen

um den Menschen
alle Rechte abzuschaffen

Die Menschen fliehen

Sie haben Angst
War die Freiheit nur geliehen

Jetzt müssen wir zusammenstehen

Das Böse darf nicht siegen
Keine Kinder sterben sehen

Warum
muss es
Kriege geben

      Wir wollen doch
      in Frieden leben

Wir wollen
leben lieben lachen

      uns um unsere Liebsten
      keine Sorgen machen

Unsere Kinder sollen
fröhlich sein und spielen

      Nicht zum Schutz vor Bomben
      in dunklen Bunkern liegen

Krieg bereitet Schmerz
der ewig bleibt

      Tiefe Narben auf der Seele
      Unermesslich großes Leid

Freiheit
ist ein
wichtiges Gut

Wir brauchen
unseren ganzen Mut

um sie zu verteidigen

Doch wie
soll das gehen

sollen wir
in Reih und Glied stehen

oder andere Mittel wählen

Ist Frieden
wichtiger als Krieg

und Leben
kostbarer als Sieg

Wer gibt mir
die Antwort

Manfred Theisen

Warum sind Sie eigentlich dagegen, dass wir gewinnen?

»Sie wissen, warum Sie hier sind.«

Ich weiß es nicht.

Die zierliche Frau sitzt vor mir. Sie hat eine zu laute und zu durchdringende Stimme. Die Spitzen ihrer Fingernägel berühren lautlos den Tisch. Sie trägt Lipgloss, jedenfalls glänzen ihre Lippen. Das Haar hat sie zu einem roten Turm hochgesteckt.

»Reden Sie ruhig. Sie sind sonst ja auch nicht leise.«

Da hat sie recht. Ich sage meine Meinung.

»Sie wollen also Frieden. Das höre ich doch schon durch Ihre Stirn. Ich weiß, was in Ihnen vorgeht. Es ist zu offensichtlich.«

Wenn ich jetzt antworte, wird sie mir das Wort im Mund herumdrehen. Ich muss still sein. Also schweige ich. Sie erhebt sich. Ihre Bewegungen sind geschmeidig und das Kleid sitzt eng und schwarz. Ob sie bei meiner Verhaftung zugegen war? Ich kenne ihr Gesicht aus der Nachbarschaft. Sie hat ein Kind, etwa halb so alt wie ich. Aber hier und jetzt ist sie keine Mutter, jetzt verhört sie mich und schleicht um den Tisch, bleibt neben mir stehen – und begutachtet mich. Sie atmet laut. Ich blicke nur auf den Stuhl gegenüber, als würde Frau Nachbarin noch dort sitzen. Raus will ich, weg. Doch Weglaufen ist zwecklos, nicht einmal ihrem Blick kann ich standhalten. Mit einem Sprung wäre sie schon in meinem Nacken und würde sich festbeißen in meinem Nacken. Nein, an Flucht ist nicht zu denken. Sie spielt nur mit mir, legt ihre Hände von hinten auf meine Schultern, leicht und federnd. Die Spitzen ihrer Krallen kitzeln mich, als wollten sie mich vorbereiten – und sie stellt fest: »Frieden willst du also. Wann ist denn Frieden?«

»Wenn keiner mehr kämpft, ist zumindest kein Krieg mehr.« Ich rutsche ein wenig nach unten, um mich wegzuducken, aber es bringt nichts. Sie bohrt ihre Krallen nur tiefer in meine Haut.

»Und wann kämpft keiner mehr?«

Ich weiß es nicht. »Könnten Sie das bitte lassen?«, bettele ich.

Sie zischt mir ins Ohr, während der Schmerz ihrer Krallen mich langsam verlässt: »Ich verrate dir mal was: Wenn einer gewonnen hat, dann ist Frieden, dann muss nicht mehr gekämpft werden. Es geht immer darum, wer gewinnt.« Ihr Mund, ihr Atem ist unerträglich kalt und nah an meinem Ohr. »Ich weiß, was du denkst. Keiner kann gewinnen, denkst du. Stimmt's?«

Woher weiß sie, was ich denke?

»Ich bin nicht dein Feind. Wir sind Landsleute. Ich habe gesehen, wie du aufgewachsen bist. Ich habe selbst ein Kind. Es lebt noch.«

Sie setzt sich mir wieder gegenüber und streicht sich ihr Kleid glatt. Wäre sie nicht meine Nachbarin, so wäre sie eine Fremde für mich.

»Du sprichst meine Sprache«, sagt sie. »Und ich höre deine Gedanken. Du könntest meine Tochter sein, oder?«

Ich nicke nicht, weil ich nicht ihre Tochter sein möchte.

»Reden Sie«, sagt sie verärgert. »Ich kann es nicht leiden, wenn einer den Mund nicht aufkriegt. Sie sind hier, weil Sie Frieden wollen. Stimmt's? Sie können sich nicht dahinter verstecken, dass Sie einen Rock tragen. Wir machen keinen Unterschied. Das zieht bei uns nicht.«

»Was soll ich hier? Ich habe nichts getan und nichts gesagt!«

»Sie werden lauter«, sagt sie. »Das ist nicht notwendig. Ich höre gut. Sie doch auch, oder?«

Ich nicke.

»Sehen Sie. Deshalb rede ich auch ruhig mit Ihnen, kein Fauchen, kein Kratzen, ganz ruhig wollen wir bleiben. Weder Wespen noch Füchse können wir brauchen. Haben Sie das verstanden?«

Ich nicke wieder. Es ist warm hier drin, zu warm. Der Schweiß läuft mir in die Augen und brennt.

»Wie wollen Sie denn Frieden erreichen? Indem Sie und ich uns auf die Straße setzen und uns dem Feind ohne Waffen entgegenstellen? Wollen Sie das? Oder wollen Sie weglaufen?«

»Ich werde nicht kämpfen.«

»Das ist doch mal ein Wort. Wir sind im Krieg und Sie wollen nicht kämpfen. Glauben Sie nicht an den Sieg?

Wollen Sie an die Niederlage glauben? Da vorne ist ein Mauseloch. Dort hinein können Sie kriechen. Aber auf der anderen Seite ist unser Kater, der ewig hungrig ist … Jetzt schauen Sie mich nicht so bitter an. Wir müssen mit dem Krieg leben und ihn gewinnen. Sie haben keine Flügel, Sie haben sie sich noch nicht verdient. Jeder bekommt eine Waffe, weil der andere auch eine Waffe hat. Jeder schießt, weil der andere schießt. Wenn dir einer auf die Wange schlägt, so schlage zurück. Wer seine Krallen nicht ausfährt, wird aufgeschlitzt.«

»Und auf beiden Seiten wird gestorben«, sage ich, obwohl einer ihrer Reißzähne aufblitzt, ehe sich die Lippe wieder darüber schiebt wie ein Vorhang.

Sie sagt: »Der Krieg produziert den Krieger. Das ist der Kampf ums Überleben. Warum sind Sie eigentlich dagegen, dass wir gewinnen?«

»Das bin ich nicht. Nur muss irgendwann Schluss sein mit dem Krieg. Irgendwann müssen alle nach Hause gehen und die Kühe melken und die Saat ausbringen, die Maschinen anwerfen und die Kinder unterrichten. Wenn der Krieg zu lange dauert, dann gibt es keine Menschen mehr, dann gibt es nur noch Leute wie Sie, die vom Krieg leben. Wir müssen aufhören.«

»Das würde Ihnen wohl gefallen«, faucht sie. »Wenn alle jetzt aufhören würden, einfach so, würde dir gefallen. Aber wir sind in keiner guten Position. Der Feind würde Vorteile haben. In den vergangenen Tagen hat er uns zurückgedrängt. Wenn wir jetzt verhandeln, haben wir schlechte Karten.«

Ich will nichts dazu sagen. Alle Gedanken sind ausgetauscht, jeder kennt des anderen Grammatik. Ihr Blick senkt sich und fällt auf ihre Fingernägel, sie ballt die Hand zu einer Faust und spreizt die Finger wieder. Dann wischt sie mir blitzschnell über den Tisch hinweg mit ihren Nägeln durchs Gesicht. Ich habe keinen Schmerz und keinen Gedanken und sehe nur ihr Gesicht, wie es nach mir giert. Doch dann wischt sie sich über den Mund, als müsse sie sich den Speichel abwischen, und sagt: »Ich werde gleich diesen Raum verlassen. Sie bleiben dann hier. Alleine. Sie werden nachdenken. Und Sie werden am Ende … na ja, Sie wissen schon …«

Ich weiß gar nichts, spüre nur den Schmerz auf meinem Gesicht und das Blut, wie es an mir herunterrinnt. Roter Schweiß. Sie schaut mich an und kann sich kaum zurückhalten. Ich bin in diesem Raum aufgewacht und in diesem Land aufgewachsen. Ich kenne dieses Land nicht mehr und nicht mehr meine Nachbarin, die aufsteht, zur Türe geht und sie hinter sich zuzieht. Kurz ist der Lärm zu hören, dann Stille.

Die Wände sind grau wie der Tisch und die Stühle. Ich wische durch mein Gesicht. Die Wunden sind nicht tief, obwohl ich blute. Der Krieg ist ein Tier. Ich stehe auf: »Verdammte Scheiße! Verdammte Scheiße! Ich …«, setze mich, stehe erneut auf und drücke die Klinke runter. Sie bietet keinen Widerstand. Ich kann sie herumdrehen wie eine Kurbel. Bodenlos ist das alles, hier kommst du nicht raus. Es gibt keine Tür für eine wie mich. Ich drehe die Klinke schneller und dann habe ich sie in der Hand, lehne mich mit dem Rücken an und sinke zu Boden.

Draußen ist Krieg. Hier ist kein Schuss zu hören.

Es ist wie in einem Sarg. Wenn du in einem Sarg bist, gibt es keinen Krieg. Ob einer gewinnen wird? Falls ja, hat der Sieger auf der richtigen Seite gestanden. Denn der Krieg steht immer auf der Seite des Siegers, der sich mit seinen Gesetzen reinwaschen wird für den Frieden.

Stell dir vor, du musst fliehen

Stell dir vor, du musst fliehen

Stell dir vor, du musst fliehen

Stell dir vor, du musst fliehen

Stell dir vor, du musst fliehen

Stell dir vor, du musst fliehen

Stell dir vor, du musst fliehen

Stell dir vor, du musst fliehen

Stell dir vor, du musst fliehen

Stell dir vor, du musst fliehen

Safiye Can

Stell dir vor, du musst fliehen

Stell dir vor, du musst fliehen

Antje Wagner und Nicholas Spindler

Der Stein

Alex schlich durch die Gräben, den Blick auf die Turm-
spitze gerichtet. Die Sonne war noch nicht aufgegangen,
und der Turm war nur ein Scherenschnitt in der Dämmerung, aber er durfte nicht unvorsichtig sein. Er lief ge-
duckt, drückte sich an den Trümmerwänden entlang.

Den Turm. Behalt ihn im Blick.

Sein Mantra.

Seit Tagen sprach er diese Sätze vor sich hin, wenn er
draußen war. Seit Großvater nicht zurückgekommen war.
Seit er selbst nun derjenige war, der sich auf den Weg
machte – zum Markt oder zur Müllkippe. Jemand konnte
dort oben sitzen. Jemand mit einer Waffe.

»Behalt ihn im Blick. Den Turm. Behalt ihn im Blick«,
flüsterte er tonlos vor sich hin.

Seltsamerweise war der Turm wichtig für ihn, obwohl er
das ideale Versteck für einen Scharfschützen war und er
hätte froh sein müssen, wenn es den Turm nicht mehr
gäbe. Aber der Turm gehörte zur Schule, zu *seiner* Schule,
und die war eins der wenigen Gebäude, die noch standen.
Der Turm war der Beweis, dass es noch etwas gab, was un-
versehrt war. Und sollte sich dort tatsächlich jemand ver-

193

stecken, war der so weit weg, dass Alex sich noch auf den Boden werfen konnte, wenn er den Knall hörte.

Großvater hatte das gesagt.

Nur ein paar Meter trennten ihn noch vom dem kleinen Waldstück. Dort würde ihn niemand mehr sehen können. Dort war er in Sicherheit. Er musste nur aufpassen, dass er auf dem letzten Stück, wenn er sich gleich aus dem Graben hievte und zu den Bäumen hinüberrannte, keinem in die Arme lief. Die schützende Dunkelheit war mittlerweile einem diffusen Dämmerlicht gewichen und dieses letzte Stück war nicht nur vom Turm aus, sondern von *allen* Richtungen her einsehbar.

Es war sicherer, nachts unterwegs zu sein, aber nachts war es finster, und er brauchte die Taschenlampe. Wenn dann auf dem weiten Feld der Schuttberge ein nervöser Lichtkegel hin und her tanzte, war das praktisch eine Einladung für eine Kugel. So machte er sich morgens auf den Weg. Ganz früh, kurz vor Tagesbeginn. Da war kaum jemand unterwegs und der Turm war ein schwarzer Fleck im Grau.

Der Turm …

Behalt ihn im Blick.

Jetzt im November begannen die Morgen immer später. Vorgestern hatte es nachts den ersten Frost gegeben. Alex hatte einen alten Stuhl zerhackt und nach und nach war er in Flammen aufgegangen. Natürlich hätte er im Wald Holz sammeln können, aber das war zu riskant. Obwohl man im Wald meist ungesehen vorankam, durfte man keinen Lärm machen. Lärm war fast so gefährlich wie ein tanzender Lichtkegel bei Nacht.

194

Das Dämmerlicht legte langsam die Landschaft bloß. Vorsichtig streckte er den Kopf aus dem Graben, um über die Trümmer zu schauen. Er wusste nicht, ob jemand sie so hoch aufgeschüttet hatte oder ob sie von alleine so gefallen waren und die Leute nur die Wege freigeräumt hatten, so wie das Ameisen mit Sand machten, wenn sie ihre Gänge hineingruben.

Obwohl er damals, zu Schulzeiten, nicht gerade zu den Kleinsten gehört hatte, konnte er von unten nicht über den chaotisch übereinandergetürmten Schutt hinwegsehen. Mit der Linken griff er nach der Stahlarmierung eines riesigen Trümmerteils über ihm – es musste Teil eines der hohen Wohnhäuser gewesen sein – und zog sich den glatten Beton entlang nach oben. Ehe sein Kopf über den Rand ragte, hielt er kurz inne. Wozu?, schoss ihm in den Kopf. Wenn es passiert, passiert es eben. Das hatte auch Großvater gesagt und damit recht behalten. Bei ihm war es vor zwei Wochen passiert.

Großvater hatte Alex befohlen, im Unterschlupf zu bleiben. »Pass auf Darja auf«, hatte er ihm eingeschärft. Alex' Schwester war erst drei. Und dann war Großvater zum Marktplatz gegangen, um eine der Schnapsflaschen, die er aus dem Keller hatte retten können, gegen Kartoffeln zu tauschen. Alex hatte Großvater in dieser Nacht zum letzten Mal gesehen.

Ein paar Leute waren am nächsten Tag gekommen und hatten ihm erklärt, Großvater sei auf eine Mine getreten, doch Alex hatte ihnen kein Wort geglaubt.

Am dritten Tag nach Großvaters Verschwinden war er

aus dem Versteck gekrochen. Sie brauchten Essen und Wasser. Beides hatte er auf dem Markt eintauschen können. Aber sie brauchten auch Decken. Oder wenigstens: eine Jacke für Darja. Der nächtliche Frost hatte den Winter eingeläutet.

Alex schloss die Augen, atmete tief ein und schob vorsichtig den Kopf über den Rand. Sah sich um. Niemand war zu sehen. Als er erleichtert ausatmete, bildete sich eine große Atemwolke vor seinem Gesicht. Erschrocken hielt er die Luft an und ließ sich sofort fallen, rutschte die Trümmerwand entlang wieder hinunter, glitt aus und fing sich gerade noch so ab. Er erinnerte sich: Kondensierter Atem ist gefährlich. Das hatte Großvater ihm und Darja eingebläut.

Die Hände auf den Boden gestützt, war er mit einem Fuß knöcheltief in eine vereiste Pfütze eingebrochen. Der Aufprall hatte wehgetan, hoffentlich hatte er sich den Fuß nicht verletzt. Das Wasser, das seinen Schuh durchdrang, war klapperkalt. Lange konnte es nicht mehr dauern, dann würde die Kälte ein echtes Problem werden. Schon jetzt waren die Nächte eine Qual. Feuer machen konnte er nur tagsüber für Darja und sich, denn nachts würde das Licht ein perfektes Ziel bilden.

Er stellte sich auf und zog den Fuß aus der Pfütze. Schüttelte das Bein, um herauszufinden, ob es okay war. Es schien nichts gebrochen, aber als er den Fuß aufsetzte, knickte er um und spürte wieder diesen Schmerz. Verdammt. Er versuchte zu gehen. Einen Schritt. Zwei. Ja, es tat weh, aber er knickte nicht mehr um. Er wartete. Zählte von zehn runter, bis er genug Mut gefasst hatte, dann zog er sich blitzschnell an dem Trümmerteil wieder hoch und schwang sich mit einem einzigen lautlosen Satz aus dem Graben heraus.

Und dann … rannte er.

Er rannte, so schnell er konnte.

Die Strecke war nicht lang, vielleicht zwanzig Meter, aber sie war tödlich.

Behalt ihn im Blick. Den Turm. Behalt ihn im Blick!, hämmerte sein Herz im Stakkato gegen seine Brust. Sein Atem kam viel zu laut aus ihm heraus, er keuchte wie eine Maschine. Die Erwartung eines Schusses war so präsent, dass er den Schmerz im Fuß nicht mehr wahrnahm. Als hätte er ihn zwischen den Trümmerwänden zurückgelassen. Doch als er durch die herunterhängenden Zweige einer Birke in den Wald hineinbrach, noch ein paar Schritte weiterrannte und an einem Baum zum Stehen kam, als er sich gegen den Stamm lehnte und keuchte, war der Schmerz plötzlich wieder da.

Noch einmal drehte er den Fuß hin und her. Nein, er war nicht gebrochen. Dann hätte er eben nicht so laufen können. Aber vielleicht war der Knöchel verstaucht?

Rings um ihn her zwitscherten Vögel. Das Geräusch war vertraut und das machte ihn wütend. Es wirkte so normal, doch nichts war mehr normal. Er horchte, wartete, atmete. Und dann humpelte er los.

Als er die Müllkippe erreichte, ging die Sonne gerade auf. Verdammt. Seine Verletzung hatte ihn zu langsam gemacht. Um diese Zeit hätte er bereits wieder auf dem Rückweg sein müssen!

Er sah das Rudel schon von Weitem. Das war gut, denn wenn das Rudel da war, war sonst keiner da. Die Hunde standen alle an derselben Stelle und fraßen etwas, über das Alex nicht nachdenken wollte. Er versuchte, sich nur darauf zu konzentrieren, dass sie beschäftigt waren. Er konnte sich vorbeischleichen.

Dennoch bewegte er sich für längere Zeit nicht und beobachtete die wilde Meute aus sicherer Entfernung. Normalerweise hauten die Hunde ab, wenn Menschen kamen. Seit vorgestern jedoch nicht mehr. Aber vorgestern waren es plötzlich acht gewesen und nicht mehr sechs.

Heute waren es schon wieder mehr. Er zählte zehn, nein elf.

Alex kniff die Augen zusammen. War das hinter den beiden räudig wirkenden Schäferhunden nicht Leo? Der Hund bewegte sich und jetzt erkannte er ihn deutlich an dem weißen Hinterbein. Das war er: der Jack Russel Terrier der alten Frau aus der übernächsten Straße. Leo hielt sich abseits und schnüffelte. Er schien sich nicht näher an den Rest heranzuwagen, auch wenn die anderen Hunde ihn kaum beachteten.

Wenn Leo hier war, dann, weil die alte Frau ihn nicht mehr fütterte, und Alex ahnte, was das bedeutete.

Ohne einen Laut zu machen, schlich er sich in großem Abstand an der Meute vorbei. Er hielt auf eine Stelle zu, die er bei seinen vorigen Plünderungen noch nicht durchsucht hatte. Wenn er Glück hatte, fand er etwas Brauchbares. Vor dem Krieg waren die Leute verschwenderisch gewesen. Manche hatten nagelneue Dinge weggeworfen.

Obwohl der Frost den Gestank seit zwei Tagen gedämpft hatte, war er immer noch überwältigend. Sowie Alex die Gebirgslandschaft aus Säcken betrat, schlug der Geruch zu, und er begann durch den Mund zu atmen.

Früher war es einfach gewesen die Müllkippe zu erkennen. Heute war die ganze Stadt ein Haufen Schutt. Nur die blauen Säcke gaben noch einen Hinweis darauf, wo die Stadt aufhörte und die Müllkippe begann.

Zwischen all den Säcken, die über mehrere Hektar verstreut waren und zum Großteil bereits von Tieren oder Menschen aufgerissen worden waren, fiel ihm plötzlich etwas Rotes ins Auge.

Nochmals sah er nach links, wo in einiger Entfernung die wilden Hunde fraßen, dann kletterte er über die Säcke näher an das Rote heran.

Ein Pullover.

Nur der Ärmel war zu sehen, und er befand sich in der Höhe, eingeklemmt zwischen weiteren blauen Säcken, die sich über ihm türmten. Alex balancierte auf den Säcken, streckte sich und griff zu. Dann zog er. Vorsichtig, um nicht das ganze Gebirge zum Einsturz zu bringen. Handschuhe besaß er keine mehr und die Müllbeutel wollte er nicht einfach so anfassen. Das letzte Mal hatte er sich an etwas gestochen. Auch Krankenhäuser hatten früher ihre Abfälle hier entsorgt, ganz zu schweigen von den Junkies, die immer um den Hauptbahnhof herum gestanden hatten. Jetzt gab es keinen Bahnhof mehr, nur noch blanke

Schienenstränge, die sich unter die Schuttberge gruben, die einst die Stadt waren, und auf der anderen Seite wieder herauskamen.

Alex zog und noch mehr Stoff kam zum Vorschein. Doch dann war er wohl doch zu ungeduldig gewesen, denn der Berg schwankte plötzlich, und Alex hielt vor Schreck die Luft an.

Der Berg … kippte.

Gott sei Dank nicht in seine Richtung, sondern nach hinten. Sack um Sack rollte in den Abgrund. Besorgt schaute Alex wieder nach links zu dem wilden Rudel. Auch die Hunde hatten den Erdrutsch bemerkt. Sie sahen herüber und ein paar jaulten kurz. Er stand starr. Bloß nicht bewegen. Sollten sie denken, er sei ein Baum. Er hatte Glück – die Meute wendete sich wieder ihrem Fraß zu.

Alex blickte auf das, was er in der Hand hielt: einen roten Wollpullover. Für Darja! Was hatte er für ein Glück. Er würde zu groß sein, aber das war egal.

Vielleicht hatte der Pullover einem Mechaniker gehört, das Zickzack-Strickmuster zeigte Ölflecken und auf Brusthöhe ein Loch. Kurz dachte er an einen Einschuss, aber da war kein Blut.

Eigentlich hätte er gern noch weitergesucht, aber wer weiß, wie lange die Hunde noch beschäftigt sein würden. Vor allem aber stand die Sonne einfach viel zu hoch. Das vertrieb zwar die Kälte, die ihm in den Knochen saß, machte ihn aber zu einem deutlich sichtbaren Ziel. Er musste zurück.

In diesem Moment hörte er ein Rascheln und bekam es mit der Angst zu tun, dass die Hunde sich unbemerkt an ihn herangewagt hätten. Sein Kopf zuckte nach links. Nein. Das Rudel fraß.

»Gib mir den Pullover!«

Alex erschrak bis ins Mark und sein Kopf zuckte zurück. Vor ihm stand ein fremder Junge. Der Junge war jünger und kleiner als Alex. Er reichte ihm gerade mal bis zum Kinn.

Schmutzig und mager war er. Wie die Hunde, schoss es Alex durch den Kopf. Wie er selbst und seine Schwester. In der Hand des Jungen spiegelte eine abgebrochene Cola-flasche die aufgehende Sonne.

»Was soll das?«, knurrte Alex. »Verpiss dich!«

»Her mit dem Pullover, hab ich gesagt!«

Der Junge griff nach dem Stoff und riss daran. Alex wiederum hielt an seiner Beute fest. Da schoss die Hand mit dem abgebrochenen Glas nach vorn in sein Gesicht und er ließ los.

Im ersten Moment empfand er keinen Schmerz, aber Alex spürte sofort, dass die Verletzung dieses Mal schlimmer war. Er drückte die linke Hand auf den tiefen Schnitt und presste mit der rechten dagegen, doch das Blut sickerte wie dicker Kirschsirup durch seine Finger und tropfte auf den Boden, während der Junge die Müllsackberge erklomm, um mit dem Pullover zu flüchten.

Der Schock hielt nur kurz an, Alex war kein Kind mehr. Er war fünfzehn und Zorn brannte in ihm. Er ließ die Wunde los und rannte dem Jungen hinterher. Den Berg hinauf. Die Säcke wackelten und rutschten, und sein Fuß nervte, aber der Hass war stärker. Der Junge war schon weit unter ihm, kletterte den Berg auf der anderen Seite hinab. Schnell und geschickt lief er, und jetzt war er schon fast unten, doch er rechnete nicht damit, dass Alex ihm in einem rasenden Satz die drei Meter abwärts ins Genick springen würde.

Mit dem Kopf voran schlug der Junge auf dem Boden auf und blieb benommen liegen, während Alex nach einem Stein griff und ausholte.

Das Geräusch war dumpf. Der Pullover war sein.

Unter dem Stein in seiner Faust ergoss sich wieder dicker roter Kirschsirup. Zitternd ließ Alex den Stein los, schnappte sich den roten Pullover und drückte den Stoff gegen die eigene Wange, die nun brannte wie Feuer. Er atmete keuchend.

Über den Hügel kamen die Hunde, langsam und wachsam. Als Alex sich erhob, knurrten sie, wichen aber nicht zurück. Das Knurren war ein scheußlicher Laut. Tief aus der Kehle kommende Wut. Alex spürte: Das waren keine normalen Hunde mehr.

Dann wagte der erste sich vor, ein großer schwarzer Mischling. Bevor Alex sich zurückzog, bückte er sich noch einmal und schob die Hand in die Bauchtasche des Jungen. Da war etwas drin. Er schloss die Hand darum, richtete sich auf und ging dann Schritt um Schritt rückwärts. Wendete den Hunden nicht den Rücken zu. Versuchte keine Angst zu zeigen. Rannte nicht.

Die Hunde knurrten nur, folgten ihm aber nicht. Sie hatten jetzt einen anderen Fund.

Wie in Trance lief Alex in einem großen Bogen zurück zum Wald. Dort lehnte er sich wieder an einen Baum. Er zitterte jetzt überall. Sogar seine Zähne klapperten. Er schloss die Augen und versuchte ruhig zu atmen. Die Vögel zwitscherten.

Nach einer Weile machte er seine Augen wieder auf und öffnete dann seine Faust. Sah sich an, was er aus der Bauchtasche des Jungen gezogen hatte.

Ein Pferd. Aus Plastik.

So eins, wie er selbst früher gehabt hatte, als er noch mit seinen Cowboys spielte. Das konnte er nicht einmal gegen irgendwas eintauschen.

Erst als er wieder in den Ruinen ankam und den Gräben durch die Trümmer der Stadt folgte, merkte er, dass er die letzten zwanzig Meter zwischen dem Wald und den Gräben nicht schnell und vorsichtig zurückgelegt hatte wie sonst. Er war einfach so aus dem Wald getaumelt und über die Trümmer in den Graben geklettert. Er hatte sich kein einziges Mal nach dem Schulturm umgedreht. Hatte ihn nicht im Blick behalten. Sein Mantra hatte er völlig vergessen.

Im Unterschlupf saß Darja still in einer Ecke. Sah ihm mit großen Augen entgegen. Er hatte ihr, wie Großvater zuvor, eingebläut, dass sie sich nicht vom Fleck rühren dürfe, wenn er nicht da war.

»Alex!«, rief sie. Kam zu ihm und umarmte ihn fest mit ihren kleinen Ärmchen. »Was ist mit deiner Backe«, fragte sie. »Hast du ein Aua? Ich hab auch eins.« Sie hielt ihm die verbrannte kleine Handfläche entgegen, das Überbleibsel jener Nacht, als die brennenden Balken über ihren Köpfen zusammengestürzt waren und sie aus ihrem Haus flüchten mussten. Diese Nacht lag schon Wochen zurück.

»Schau mal«, sagte Alex und gab ihr das Pferd.

»Ist heute mein Geburtstag?« Diese Frage machte etwas mit ihm.

»Red keinen Quatsch«, sagte er barsch und wendete sich ab. Wischte sich über die Augen. Für ein paar Sekunden wünschte er sich einen Ort, wo niemand war. Um zu heulen.

»Alex? Darja?«

Er erkannte die Stimme und drehte sich um. Das konnte nicht sein! Er sah Frau T. ins Gesicht.

»Du liebe Güte, ihr seid ja noch hier!«

Frau T. war ganz am Anfang gegangen. Als die Nachrichten immer bedrohlicher wurden. Mit ihrem Mann und den drei Töchtern, die jüngste kaum ein Jahr älter als Darja. Drei Straßen weiter hatte ihr Haus gestanden, als es noch Häuser gab. Alex, Darja und Großvater waren geblieben.

»Sie sind zurückgekommen? Warum?«

Ihr Blick änderte sich. Freude wurde zu Entsetzen, dann Mitleid. »Wart ihr die ganze Zeit hier? Du lieber Gott!«

Alex wiederholte seine Frage. »Warum sind Sie hier?«

»Es ist vorbei.«

»Vorbei?« Er verstand nichts.

»Habt ihr es denn nicht mitbekommen?«

Alex schüttelte verwirrt den Kopf.

»Es ist vorbei! Sie haben es vor einer Woche unterschrie-
ben. Es ist Frieden.«

»Frieden?«

»Ja. Seit einer Woche schon! Ihr müsst zum Marktplatz,
dort werden die Lastwagen ankommen. Heute Mittag!
Die haben alles dabei, Lebensmittel, Kleidung, Decken.
Auch Medikamente.« Dabei schaute sie besorgt auf seine
Wange.

»Aber … wie …«, murmelte Alex.

Seit einer Woche. Deshalb hatte er keine Schüsse mehr
gehört.

»Es ist Frieden, Alex. Es ist vorbei.«

Ein Bild flog vorbei, schnell und schneidend: das Gebirge aus Müll, die Blutlache unter dem Kopf des Jungen.
Der Stein.

Der Stein …

Darja zupfte an seiner Hand. »Was ist Frieden?«

Er schreckte auf, schaute zu ihr hinunter, dachte einen
wirren Moment lang nach und sagte rau: »Das ist, wenn
keiner mehr schießt.«

Safiye Can

Der Zauberstab

I.
Ich wünschte niemand müsste weinen
wünschte kein Tier müsste leiden
wünschte mir einen Zauberstab
doch ich hab keinen.
Ich wünschte ich könnte alle Wunden heilen
jedes Kind beschützen durch Umarmen.

Ich wünschte ich hätte eine Wundertinktur
eine Art Zaubertrank gegen das Ungerechte
gegen Diskriminierung, all die Schmerzen
da draußen
doch hab ich keinen.

Ein Blumenmeer soll sich
auf jeden von uns entladen.

II.

Ich wünschte ich könnte jede Trauerwolke
mit der Hand vom Firmament
wegschiebenschiebenschieben
wünschte ich könnte mit einem Schnippen
alle Krankheiten auf ewig besiegen.

Jede Kanonenkugel und jede Patrone
jede Granate und jede Bombe wünschte ich
mit bloßer Hand einzufangen.
Ich wünschte mir einen Zauberstab
vergebt mir
ich hab keinen.

III.

Ein Blumenmeer

soll sich auf jeden von uns entladenladenladen.

Ich wünschte niemand mehr
müsste Folter ertragentragentragen
ich wünschte mir einen Zauberstab
warum nur hab ich keinen?

Rüdiger Bertram

Der Hund von Warschau

Zuerst sah ich nur ihn. Er lag lang ausgestreckt auf den dunkelgrauen Fliesen des Bahnhofs Central in Warschau und hatte seinen riesigen Kopf auf seinen Vorderpfoten abgelegt. Ein Mischling aus Was-auch-immer mit braun geflecktem Fell, buschigen Ohren und einem ebenso buschigen Schwanz. Die Menschen machten einen weiten Bogen um ihn, obwohl er keineswegs bedrohlich aussah. Im Gegenteil. Aber er war groß, unfassbar groß, fast schon ein Pferd. Eines mit müden, wachsamen Augen.

Das Mädchen entdeckte ich erst auf den zweiten Blick. Sie war höchstens acht, eher sechs, vielleicht sieben. Sie lag hinter ihm und hatte ihren Kopf auf seinen Bauch gebettet. Ich glaube, sie schlief. Aber so genau war das aus der Entfernung nicht zu erkennen. Erwachsene sah ich in ihrer Nähe keine. Bestimmt waren sie Essen holen oder unterwegs, um irgendwelchen Papierkram zu erledigen, denn es war ja klar, wo sie herkam und dass sie nicht nach Polen gereist war, um hier Urlaub zu machen.

Das Mädchen schlief oder döste oder war einfach nur erschöpft. Der Hund nicht. Seine müden wachen Augen wanderten von links nach rechts und wieder zurück. Ohne dabei den Kopf zu bewegen, ohne überhaupt etwas zu bewegen, um sie nicht zu stören, deren Körper sich im Rhythmus seines Atems auf und ab bewegte. Aber das konnte auch an den Zügen liegen, die unter der Halle ein und aus fuhren als wäre alles wie früher.

Und ich weiß noch, dass ich dachte: Glücklich, wer in diesen Zeiten einen Wächter wie ihn an seiner Seite weiß.

Ich stellte mir vor, wie er sie auf seinem Rücken hierhergetragen hatte. Vorbei an zerstörten Häusern, brennenden Panzern und Soldaten, toten und lebenden, eigenen und feindlichen. Wie sie ängstlich auf seinem Rücken saß und sich mit beiden Händen in sein Fell krallte, ihren Kopf darin vergrub, um nicht sehen zu müssen, was links und rechts ihres Weges nicht zu übersehen war.

Ich stellte mir die beiden vor, wie sie Schützengräben übersprangen, Minen auswichen und Verfolger abschüttelten. Bis sie es an die Grenze geschafft hatten, und auch da hatte er sie an den Posten vorbeigeführt. Hatte sie ungesehen auf die andere Seite gebracht, die sichere. Zumindest für den Augenblick, denn wer wusste schon, was kommen würde. Ich wusste es nicht, aber ich war mir sicher, dass sie sich auch dann auf ihn würde verlassen können. Hier und jetzt hätte ich ihm jeden Orden verliehen, den es auf der Welt zu verleihen gab. Und er hätte jeden einzelnen verdient.

Aber wahrscheinlich war alles ganz anders gewesen. Wahrscheinlich war sie es gewesen, die ihn geführt hatte. Aus dem Haus, in den Wagen, zum Bahnhof und in den Zug. Wo sie für seinen Platz hatte streiten müssen, denn so groß, wie er war, brauchte er Raum für zwei. Und ich hörte die Proteste und Beschwerden, weil er doch nur ein Hund war, für den vielleicht ein Mensch auf den nächsten Zug hatte warten müssen. Ich hatte die Bilder der überfüllten Wagen und Abteile gesehen. Aber sie hatte nicht nachgegeben, hatte für seinen Platz im Zug gekämpft, vielleicht sogar gekratzt, gekniffen und gebissen. Nein, das wohl nicht. Aber ganz sicher mit Worten, vielleicht auch mit Tränen, bis man ihn hatte bleiben lassen, in dem Zug von Ost nach West.

Für mich waren sie alle beide Helden, und weil ich keine Orden zu vergeben hatte, ging ich einkaufen mit meinen letzten Zlotys, bevor dann auch mein Zug fuhr. Noch weiter nach Westen. Ein Zug mit reservierten Plätzen, in dem auch für Hunde noch genug Platz war.

Selbst für so große wie ihn.

Wortlos stellte ich das Futter und ein paar Süßigkeiten auf den dunkelgrauen Fliesen des Bahnhofs Central in Warschau ab. Sie bemerkte es nicht, schlief wohl doch. Er ließ es geschehen, und ich bildete mir ein wohlgefälliges Kopfnicken ein, als ich mich rückwärtsschreitend entfernte. Ich wünschte beiden viel Glück und musste mich beeilen, um meinen Zug noch zu erwischen, den ich als Reisender, nicht als Flüchtender bestieg.

Noch.

Ursula Flacke

Wenn ich mir begegne

Irgendwoher kannte Mia die Fremde. Die blassen Lippen, die zu schmalen Wülsten zusammengepresst waren, die wässrigen Augen, die überzulaufen drohten, das strohige Haar, so ungebändigt und gelb wie überreifer Flachs.

Dünn war sie, die da. Nein, schlaksig. Der schlendernde Gang wirkte lässig und herausfordernd zugleich. Wozu die Hüften wiegen? Wozu die Hände heben, als wollte sie die Luft streicheln? Wozu das ganze Getue, jetzt, wo alles nach Benzin schmeckte.

»Verzieh dich, du passt mir nicht!«

Die Fremde blieb. Sie folgte Mia, trat ihr in den Weg und wich keinen Schritt. Mias Blick fiel von ihr ab und strafte sie mit Missachtung. Dann drehte sie blitzschnell den Spieß um, attackierte sie mit Beleidigungen und verletzte sie mit Anschuldigungen. Jetzt, wo der Schrei durch Mias Kopf jagte.

»Lass mich zufrieden! Hau endlich ab!«

Die Fremde blieb. Zog sie etwa die Schuhe aus? Diese hässlich braunen Wanderschuhe? Trank sie wirklich dieses Gesöff aus der dunkelgrünen Flasche? Nahm sie tatsächlich das Heft mit den bunten Comics und steckte es ein?

»Lass das Heft da liegen. Das gehört dir nicht. Wenn du dich nicht sofort verziehst, kannst du was erleben!«

Mias Stimme wurde lauter, sie durchdrang die Zwischenwand aus Rigips und blähte sich auf wie ein Ballon, der irgendwann zu zerplatzen drohte. Nebenan, im Zimmer ihres kleinen Bruders, blieb es still. Seine Plastikfiguren lagen ungespielt in der Box. Das Bett war frisch bezogen. Nur der Hamster lief in seinem Rad. Er lief und lief und lief und lief …

Hatte sie nicht das Recht, sich zu beschützen? Es war doch die Fremde gewesen, die Mia hochnäsig gegenübergetreten war. Die abfällig die Nase gerümpft und angewidert die Oberlippe hochgezogen hatte. Hinter der da steckte doch reinste Angriffslust, die machte, dass sich ihr Magen in zersetzender Säure zusammenzog.

»Ein letztes Mal: Verschwinde!«

Die Fremde zog den Mantel aus, warf ihn auf den Rohrstuhl und suchte den Schlüssel in ihrer Tasche. Mia hatte selbst so eine Tasche, orangefarben mit bunten Fransen, die sie heute erst von der Mutter geschenkt bekommen hatte. Mit Wangenstreicheln und Trostworten.

Mia fühlte sich verurteilt zum Hinnehmen, Dulden und Ertragen. Zum Kopfnicken und Augenschließen.

Da war das scharfe Bremsen des Autos, der Geruch nach verbranntem Benzin und der Schrei … das Bremsen des Autos, der Geruch nach Benzin, der Schrei … das Bremsen, der Geruch, der Schrei … das Hamsterrad im Kopf.

»Das war deine Schuld. Und jetzt hau ab!«

Offener Streit brach aus. In den Streitigkeiten ergötzten sie sich daran, die andere zu demütigen. Sie entwickelten Strategien, die messerscharf ins Herz trafen und mit nadelfeinen Stichen die Seele der anderen misshandelten.

Mia genoss es, wie die Fremde in sich zusammensank, verwundet von Worten, die wie giftige Pfeile abgeschossen wurden. Die mehr verletzen konnten als ein wuchtiger Schlag mit der Faust.

Mia lächelte. Sie hatte die Fähigkeit, mit Worten zu jonglieren wie mit Bällen. Und darauf war sie stolz.

Die Wucht von Worten war nicht zu unterschätzen. Diese Wunden brauchten länger, viel länger, um zu vernarben. Länger als ein Hieb ins Gesicht. Und die Narben blieben. Vielleicht sogar ein Leben lang.

Die Fremde schlug zurück. Mit abfälligem Grinsen. Mit Drohgebärden und jubelnden Gesten, sobald Mia nur zusammenzuckte.

»Es reicht. Das war das letzte Mal!«

Die Zeit war reif. Mia wollte der Fremden den Dolchstoß versetzen, und zwar mit Botschaften, die die andere verstand.

Entschlossen stellte Mia sich vor sie hin, holte tief Luft und ballte die Fäuste. Dann schleuderte sie der Fremden Anschuldigungen entgegen. Von dem Unfall. Vor kurzer Zeit. Als die da nicht aufgepasst hatte. Und als ihr kleiner Bruder vor das Auto gelaufen war. Ihr kleiner Bruder, der sein Zimmer hinter der Wand aus Rigips hatte, und wo es jetzt so ruhig geworden war, viel zu ruhig.

Die Fremde erstarrte, grinste gequält, riss den Mund weit auf, schrie, schrie lautlos, wie von Sinnen. Sie hob die Arme und verschränkte sie vor dem Gesicht.

Mia fasste nach einem Tonkrug und schleuderte ihn der Fremden entgegen. Der Spiegel zerbrach und Mia sank in sich zusammen …

»Es war nicht deine Schuld«, sagte die Mutter. »Er wird wieder gesund. Du darfst dich deswegen nicht hassen.«

Mia schluchzte, ihr Körper bebte. Verstört sank sie in die Arme der Mutter. »Er wird mich hassen …«

Die Mutter hielt sie fest, ganz fest. »Das wird er nicht. Er liebt seine große Schwester.«

Mia hörte den Herzschlag der Mutter, spürte die Stärke ihrer Hände, fühlte sich wie in einer Höhle, die sie schützend umgab.

»Hörst du«, sagte die Mutter leise. »Es war nicht deine Schuld! Er hat sich losgerissen und ist auf die Straße gelaufen. Er wird wieder gesund.«

»Ich hätte ihn fester halten müssen. Noch fester.«

»Du musst dir verzeihen. Es war eine Erfahrung. Für die Zukunft.«

»Aber ich lebe jetzt. Ich leide jetzt.«

»Das macht dich stärker.«

»… Seine kleine Hand, die er aus meiner zerrte … das Auto … der Schrei. Die Bilder kommen wieder. Wieder und wieder. Sie jagen durch meine Träume.«

»Sie werden verblassen, sobald du Frieden in dir gefunden hast.«

Mias Schluchzen wurde leiser, das Wiegen ihres Körpers beruhigte sie, der feste Griff der Mutter machte, dass sie etwas Ruhe fand.

Dann war da nur noch dieses alte Lied, das Summen, kaum hörbar, das von Mutters Körper im Herzschlagrhythmus zu Mia hinüberglitt. Im Herzschlagrhythmus vor, zurück, vor, zurück. Ein Schwingen, ein feines Vibrieren.

Das Streichen von Mutters Hand über ihr störrisches Haar war kaum spürbar. Sie waren ganz eins. Beim Ein – und Ausatmen. Beim Hin- und Herwiegen. Das leise Weinen von Mia blieb.

»Wenn du weiter so weinst, dann läufst du noch ganz aus«, sagte die Mutter. Ihre Worte waren vollgepackt mit Zärtlichkeit.

»Ach, Mama …«

Wie lange Mia da gesessen hatte, von der Mutter umarmt, gewiegt und getröstet, das wusste sie nicht.

Irgendwann stand Mia auf, kehrte die Scherben vom Spiegel zusammen und nahm ihre bunte Fransentasche mit dem Comic. Sie fand darin endlich den Schlüssel, den sie gesucht hatte, und zog den Mantel über, der auf dem Rohrstuhl lag. Draußen war es kalt und der Weg zur Klinik war weit.

Claudia Freund

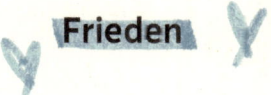

Frieden

Frieden
       bedeutet

intakte Häuser

  fröhliche Tage
      ruhige Nächte

     : lachen

       Freunde treffen
        Feste feiern

          Zeit für
           schöne Dinge

      Kein Hunger
     Flucht
    Verstecken
  Angst

Sondern Zeit
für die

Liebe
Liebe
Liebe

Lasst und doch
in Frieden

Leben
Leben
Leben

Die Autorinnen und Autoren

Bell, Inge: *1967, studierte Sprach- und Literaturwissenschaft. Sie ist Journalistin, Menschenrechtsaktivistin, Unternehmerin; sie ist 2. Vorsitzende der Frauenrechtsorganisation von *Terre des Femmes* und der bayerischen Vertretung der Hilfsorganisation SOLWODI. Für ihr Engagement wurde sie 2007 als »Frau Europas« gewählt und erhielt 2012 das Bundesverdienstkreuz am Bande. Inge Bell lebt in München. https://ingebell.de/

Bertram, Rüdiger: *1967, studierte u. a. Geschichte und Germanistik; arbeitete als freier Journalist für verschiedene Zeitungen und absolvierte eine Ausbildung als Drehbuchautor. Er ist Kinder- und Jugendbuchautor, sein Jugendbuch *Der Pfad* wurde verfilmt. Mit seiner Familie lebt er in Köln. https://ruedigerbertram.com/

Böhmer, Wolfgang: *1970, arbeitet seit mehr als 25 Jahren als Journalist für den österreichischen Rundfunk; er berichtet aus Kriegs- und Krisengebieten, die er selbst bereist. Er war u. a. in Afghanistan, in Pakistan, im Kosovo. Seit vielen Jahren arbeitet er eng mit der SOS-Kinderdorf-Stiftung zusammen. Er ist verheiratet und lebt in Tirol. https://wolfgang-boehmer.at/

Can, Safiye: *1977 in Offenbach am Main, arbeitet als Dichterin, Schriftstellerin und Bildende Künstlerin. Ihr letzter Lyrikband *Poesie und Pandemie* erschien 2021. 2023 erscheinen ihre ausgewählten Gedichte unter dem Titel *HerzSchlagDrama* bei Büchergilde Gutenberg. Den Alfred-Müller-Felsenburg-Preis erhielt sie für aufrechte Literatur. Safiye Can lebt und arbeitet in Offenbach am Main. http://www.safiyecan.de/

Çelic, Aygen-Sibel: *1969 in Istanbul, ist eine deutsche Kinder- und Jugendbuchautorin. Für ihr Kinderbuch *Alle gegen Esra*, das sich mit Mobbing auseinandersetzt, wurde sie 2012 für den Rheinischen Literaturpreis Siegburg nominiert. Aygen-Sibel Çelik lebt und arbeitet heute in Düsseldorf. https://aygenart.de/

Dijk, Lutz van: *1955 in Westberlin, Historiker und Schriftsteller, zuerst Lehrer in Hamburg, später Mitarbeiter des Anne Frank Hauses in Amsterdam. Seit über 20 Jahren in Südafrika als Mitbegründer eines Hauses für elternlose Kinder und Jugendliche in einem Township bei Kapstadt. https://www.lutzvandijk.co.za/

Engelmann, Reiner: *1952, nach dem Studium der Sozialpädagogik 35 Jahre im Schuldienst tätig, wo er sich besonders in den Bereichen der Leseförderung, der Gewaltprävention und der Kinder- und Menschenrechtsbildung starkmachte. Nebenher veröffentlichte er Bücher zu sozialen Brennpunktthemen. Für Schulklassen und Erwachsene organisiert er regelmäßig Studienfahrten nach Auschwitz. »Erinnern für die Zukunft«, unter dieser inneren Überschrift schreibt er Zeitzeugenbiografien gegen

das Vergessen. Er lebt in Schneppenbach im Hunsrück.
https://www.reiner-engelmann.de/

Fehér, Christine: *1965 in Berlin, arbeitet als Autorin von Kinder- und Jugendbüchern.
2001 erschienen ihre ersten Luisa-Kinderbücher. Christine Fehér erhielt zahlreiche Auszeichnungen, unter anderem den Silbernen Lufti für *Dann bin ich eben weg*.
https://www.christinefeher.de/

Flacke, Ursula: *1949, Schriftstellerin, Drehbuchautorin (u.a. KIKA und *Sendung mit der Maus*), Kabarettistin und Theaterfrau. Sie hat über 60 Bücher in verschiedenen deutschen Verlagen veröffentlicht, die teilweise weltweit übersetzt wurden. Ihr Schwerpunkt ist der historische Roman, aktuell: *1933 – Feuer!* Ursula Flacke hält auch Lesungen und Seminare ab, von Grundschulen bis hin zu den Universitäten Gießen, Halle und Flensburg. Sie hat zahlreiche Preise erhalten, u. a. Österreichischer Jugendbuchpreis, Der Goldene Spatz, Deutscher Kulturförderpreis.
https://www.ursula-flacke.de

Freund, Claudia: *1969 in Bad Dürkheim, hatte im Herbst 2022 ihr Debüt als Dichterin mit ihrem Lyrikband *Kraut und Rüben*. Sie lebt mit ihrer Familie auch heute noch in der Pfalz, in der kleinen Gemeinde Lambrecht.

Gerold, Ulrike: *1956 in Peine, ist eine deutsche Dramaturgin und Schriftstellerin. Neben Sachbüchern für Kinder veröffentlicht sie zusammen mit Wolfram Hänel vor allem auch Kriminalromane und Thriller wie „Rauhnächte«. Gerold und Hänel leben und arbeiten meistens in Hannover und Berlin.

Hänel, Wolfram: *1956 in Fulda, ist ein vor allem durch seine Kinder- und Jugendbücher bekannter Schriftsteller. Er hat über 150 Bücher veröffentlicht, die in insgesamt 30 Sprachen übersetzt wurden. 2001 erhielt er den Friedrich-Gerstäcker-Literaturpreis. https://haenel-buecher.weebly.com

Linker, Christian: *1975, studierte Theologie und machte hauptamtlich Jugendpolitik, bevor er sich ganz dem Schreiben widmete. Seine vielfach ausgezeichneten Kinderbücher und Jugendromane bergen politische Brisanz oder magische Fantasie – oder auch beides zugleich. http://www.christianlinker.de/

Segal, Ron: *1980 in Rehovot/Israel, ist ein freischaffender Filmemacher, Publizist und Schriftsteller. Sein Roman *Jeder Tag wie heute* über einen an Alzheimer erkrankten Holocaustüberlebenden erhielt in der Literaturwelt viel Beachtung. Heute lebt Ron Segal in Tel Aviv und Berlin.

Spindler, Nicholas: *1986 in Laichingen/Baden Württemberg, trat direkt nach dem Abitur seinen Dienst als Offizier im Truppendienst der Heeresaufklärungstruppe der Bundeswehr an. 2019 begann er nach einem Ausflug in die Privatwirtschaft ein Studium der Ökonomie und Germanistik in Magdeburg. Er schreibt gerade mit Antje Wagner seinen ersten Roman und arbeitet parallel an einem eigenen Prosaprojekt.

Theisen, Manfred: *1962 in Köln, arbeitet als Autor und Politologe. Im Jahr 2005 erschien sein Buch *Amok. Die Geschichte eines Amoklaufs*. Für *Rot oder Blau* erhielt er 2020 den Bad Harzburger Jugendliteraturpreis. Manfred Theisen lebt mit seiner Familie in Köln.
https://www.manfredtheisen.de/

Török, Imre: *1949 in Eger/Ungarn, ist ein deutscher Schriftsteller. Neben zahlreichen Veröffentlichungen wie z. B. sein Roman *Die Königin von Ägypten in Berlin* arbeitete er auch an dem Kinofilm *Sophie Scholl. Die letzten Tage* mit. Heute lebt Imre Török im Allgäu.
http://www.imre-toeroek.de/

Trabert, Gerhard: *1956, Sozialarbeiter, Arzt für Allgemeinmedizin/Notfallmedizin, Professor für Sozialmedizin/Sozialpsychiatrie und Autor. Er gründete die Vereine *Armut und Gesundheit in Deutschland* sowie *Flüsterpost*, ein Verein zur Unterstützung von Kindern an Krebs erkrankter Eltern. Als Arzt ist er oft auch bei der Seenotrettung, aber auch in vielen Kriegs- und Krisengebieten unterwegs. 2021 kandidierte er für das Amt des Bundespräsidenten. Er lebt in Mainz.
https://www.gerhardtrabert.de/

Tuckermann, Anja: *1961, Schriftstellerin und Journalistin. Schreibt Prosa, Lyrik und Theaterstücke für Kinder, Jugendliche und Erwachsene. Ihre Bücher wurden in 15 Sprachen übersetzt. Bis 1977 war sie freie Mitarbeiterin beim RIAS-Kinderfunk Berlin. Sie leitet Schreibwerkstätten und Seminare für Jugendliche und Erwachsene und lebt in Berlin.

Wagner, Antje: *1974 in Wittenberg/DDR, schreibt Bücher für Jugendliche und Erwachsene und lebt in Hildesheim. Zahlreiche Preise, u. a. der Phantastikpreis/Wetzlar, der ver.di Literaturpreis und der Lesekompass der Leipziger Buchmesse. Unter dem Pseudonym Ella Blix schreibt Antje Wagner auch Jugendthriller, gemeinsam mit Tania Witte. Mit Nicholas Spindler arbeitet sie gerade an einem gemeinsamen Roman. Mehr Informationen unter: http://www.wagnerantje.de/ und http://www.ellablix.com/

Übersetzerin
Schiffer, Gundula: *11.8.1980 in Bergisch Gladbach, lebt als Dichterin und Übersetzerin in Köln. Sie schreibt Lyrik hauptsächlich auf Deutsch, aber auch auf Hebräisch. Studium der Komparatistik sowie der hebräischen Sprache und Literatur in München und Jerusalem; Promotion zur Poesie der Psalmen. Für die Arbeit an dem Lyrikband *Hioba Hymore* erhielt sie ein Dieter-Wellershoff-Stipendium 2021 der Stadt Köln.

Mehr zu unseren Büchern auch auf Instagram